Adventures in Prayer

ADVENTURES IN PRAYER
by Catherine Marshall

Copyright ⓒ 1975 by Catherine Marshall
Originally published in English under the title
Adventures in Prayer
by Chosen Books Publishing Co.
distributed by Fleming H. Revell Company
Old Tappan, NJ 07675 USA
All rights reserved.

Korean Edition published by Word of Life Press, Seoul
1977, 1991, 2002, 2012.
Translated and published by permission.
Printed in Korea.

기도에의 모험

ⓒ 생명의말씀사 1977, 1991, 2002, 2012

1977년 1월 30일 1판 1쇄 발행
1991년 6월 15일 　　 10쇄 발행
1991년 12월 20일 2판 1쇄 발행
2001년 7월 25일 　　 21쇄 발행
2002년 1월 10일 3판 1쇄 발행
2011년 3월 25일 　　 15쇄 발행
2012년 8월 25일 4판 1쇄 발행
2023년 2월 10일 　　 4쇄 발행

펴낸이 | 김창영
펴낸곳 | 생명의말씀사

등록 | 1962. 1. 10. No.300-1962-1
주소 | 서울시 종로구 경희궁1길 6(03176)
전화 | 02)738-6555(본사) · 02)3159-7979(영업)
팩스 | 02)739-3824(본사) · 080-022-8585(영업)

기획편집 | 황을호, 박영경
디자인 | 윤보람
인쇄 | 예원프린팅
제본 | 보경문화사

ISBN 978-89-04-15996-3 (03230)

저작권자의 허락없이 이 책의 일부 또는 전체를
무단 복제, 전재, 발췌하면 저작권법에 의해 처벌을 받습니다.

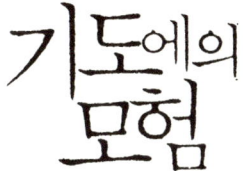

| 캐서린 마셜 지음 양은순 옮김 |

Adventures in Prayer

그를 향하여 우리의 가진 바

담대함이 이것이니

그의 뜻대로 무엇을 구하면 들으심이라

우리가 무엇이든지 구하는 바를

들으시는 줄을 안즉

우리가 그에게 구한 그것을

얻은 줄을 또한 아느니라

요일 5:14-15

•• 서문

  기도 학교에 입학하려면 두 가지 질문으로 된 입학 시험만 치르면 된다.
  첫째, 당신에게 정말로 간절한 무엇이 있는가?
  둘째, 당신은 스스로 그 간절한 문제를 해결할 수 없음을 인정하는가?
  이 두 질문에 "예"라고 대답할 수 있었을 때 나는 비로소 기도에 대해 배우게 되었다. 내 생애를 돌이켜 볼 때 가장 간절한 시기는, 흔히 생각하는 것처럼 절망의 골짜기가 아니라 오히려 산봉우리와 같았다.
  왜냐하면 나는 때마다 늘 하나님에 대해 중요한 것, 즉 하나님이 얼마나 실제적이며 또한 얼마나 영광스럽게 기도에 응답하실 수 있는지를 배웠기 때문이다.

어린 시절에는 어둠에 대한 나의 절망적인 공포 때문에 교훈을 얻었다.

십대 소녀 시절에는 대학 등록금이 절실하게 필요했는데 그때 내가 배운 것은 3장 "꿈을 이루어 주는 기도"에서 나누려고 한다.

27세 때 나를 간절하게 만든 것은 내게 찾아온 병마였다. 이때 배운 산봉우리 같은 교훈은 "포기하는 기도"였다.

30대에는 남편 피터 마셜의 갑작스런 죽음이라는 거대한 봉우리와 함께 궁핍이라는 낮은 봉우리들이 뒤따랐다. 아들을 아버지 없이 어떻게 양육할 것인가. 내겐 특별한 기술도 없는데 어떤 일을 하며 살아야 하나! 이 시기에 나는 "요구하는 기도"를 배웠다.

수년이 지난 뒤, 레너드와 재혼하고 세 아이를 맡게 된 후에 나는 다시 기도 학교로 돌아갔다. 여느 때처럼 입학 시험을 치르는 데는 아무 문제가 없었다. 내 필요는 아주 컸고 나의 부족함은 분명했다. 그 시기에는 "무기력한 기도"가 다가

왔다.

물론 내가 자주 무릎을 꿇었던 것은 개인적인 상황 때문만은 아니었다. 그 필요는 친구, 혹은 이 세상 어딘가에서 전쟁으로 고통받고 굶주린 사람의 것일 수도 있었다. 그러나 항상 기준은 서 있었다. 나의 힘으로는 그 커다란 필요를 채우기에 한없이 부족함을 아는 것이었다.

때때로 내가 발견한 기도에 관한 것들을 가이드포스트 지에서 나누었다. 그 결과 6장으로 구성된 소책자를 출판하게 되었고, 그 책은 판수를 거듭하게 되었다. 그러다 최근에 그 자료를 좀 더 영구적인 책으로 편집해 달라는 요청을 받았다. 가이드포스트 지의 제한된 지면에 맞도록 축소 집약되어 있었으므로 새로운 편집이 필요했던 것이다.

이렇게 해서, 기도에 대한 여섯 가지 항목이 완전한 내용으로 묶여 나왔다. 이 자료들은 오랜 시간을 두고 테스트되었다는 의미에서 "고전적인 책"의 범주에 들어간다.

게다가 새 시대는 기도에 대한 새로운 교훈을 소개하고 있기 때문에 "기도는 구하는 것이다"와 "기다리는 기도"라는 새로운 두 장을 더하였다.

또한 각 장 끝에 특별한 기도를 실었다. 우리 모두에게는 기도가 쉽게, 즉각적으로 흘러나오는 때가 있다. 그러나 가끔은 마음의 부담으로 기도가 잘 흘러나오기가 어려울 수도 있다. 이런 때에 어떤 도움이 필요하기도 한데, 각 장에 실린 기도가 그 도움이 될 것이다. 다시 말해, 우리의 개별적인 기원을 대신해 주는 것이 아니라 그러한 기도를 할 수 있도록 안내해 줄 것이다.

물론 이보다 몇 배나 두꺼운 책이라도, 기도와 같이 광대하고 포괄적인 주제를 다루는 데에는 그 표면만을 스칠 뿐이지 그 이상은 할 수 없다. 이 책 어느 곳에서도 나는 경배, 감사, 찬양, 묵상, 상고 등 우리 영혼을 사랑하시는 분과의 말 없는 교제를 통해 드리는 기도에 대해서는 조금도 언급하지 않았다. 이러한 기도가 중요하지 않기 때문이 아니라, 나보다 훨씬 권위 있는 작가들이 수세기에 걸쳐 고전들을 남겨 놓았기 때문이다.

내가 궁핍한 시기에 부족하다고 생각한 것은 가장 겸손하고 가장 기본적인 기도의 지침이었다. 간구로서의 기도, 단순히 도움을 요청하기 위해 아빠에게 달려가는 어린아이의 기도, 이것이 이 혼돈의 시대에 우리가 재발견한 기도이다.

우리는 하나님 아버지께 어떻게 달려가는가? 우리의 절박한 필요는 기도 학교의 강당과 교정을 꽉 차게 만들었다. 전 세계적인 경제 위기, 증가하고 있는 결혼생활 문제, 점점 벌어지는 세대 차이, 마약 중독, 알콜 중독, 유행처럼 발생하는 암……. 이러한 상황에서 우리가 기도 학교로 몰려가는 것은 이상할 것이 없다! 우리의 목마름은 깊고, 배우려는 열심은 매우 크다.

바로 우리의 불완전함이, 주님의 완전함으로 들어가는 문을 활짝 여는 열쇠라니 얼마나 기쁜 소식인가! 우리의 목마름과 배고픔 때문에 "주님의 선하심을 맛보아" 알 수 있다. 예수님 이외에 누가 이 같은 가르침을 생각할 수 있겠는가!

캐서린 마셜

Contents

서문 · 7

1. 기도는 구하는 것이다 15
기도 "간절히 간구합니다" · 30

2. 무력함을 인정하는 기도 33
기도 "주여, 어디 계십니까" · 50

3. 꿈을 이루는 기도 53
기도 "제게 꿈을 주소서" · 70

4. 기다리는 기도 73
기도 "제가 기다리는 동안" · 90

5. 포기하는 기도 93
기도 "이것을 주님께 맡깁니다" · 110

6. 은밀한 기도 113
기도 "우리의 비밀" · 130

7. 즐거운 축복의 기도 133
기도 "아버지여, 우리를 축복하소서" · 152

8. 요구하는 기도 155
기도 "주님의 약속을 요구합니다" · 172

1
기도는 구하는 것이다

"…너희가 얻지 못함은 구하지 아니하기 때문이요
구하여도 받지 못함은 정욕으로 쓰려고 잘못 구하기 때문이라"
약 4:2-3

최근에 한 친구가 들려준 이야기다.

그녀의 딸 엘리자베스는 대학에 갈 돈을 벌기 위해 수퍼마켓에 있는 정육점에서 고기를 포장하는 일을 하고 있었다. 그런데 어느 날 아침 일하러 가기 직전 엘리자베스는 콘택트렌즈 한 짝을 잃어버렸다. 내 친구까지 나서서 찾아보았지만 끝내 찾을 수 없었다.

엘리자베스가 렌즈 대신에 안경을 끼고 일하러 간 뒤에, 친구는 이 작은 위기를 생각하면서 커피를 마시고 있었다.

아주 작은 렌즈가 들어가 박힐 만한 곳은 수없이 많았다. 그때 문득 이런 생각이 들었다.

'이 문제도 기도해야 할까? 너무 사소한 일이 아닐까?'

내 친구 팁 쉐릴은 자신이 혹시 우주 만물을 다스리시는 주님을 호텔 사환이나 산타클로스처럼 취급하는 기도를 하게 되지는 않을까 하는 두려움을 가지고 있었다.

그렇지만 그녀는 렌즈를 다시 사려면 엘리자베스의 일주일 봉급—딸이 학비에 쓰려고 저축하고 있는 돈—이 모두 달아난다는 사실을 알고 있었다. 추운 냉방 시설에서 코를 훌쩍이며 일주일을 더 일하며 포장용 철사에 손가락을 찔리기도 해야 하는 것이다.

그때 틸의 마음속에, 잃어버린 은전 하나—귀중한 것—를 찾는 여인에 대해 말씀하신 예수님의 비유가 떠올랐다(눅 15:8-10). 그녀는 곰곰이 생각했다.

'예수님께서는 그토록 작은 일에도 관심을 기울여 주신다는 것을 보여 주시지 않았는가? 그것 자체가 귀중하기 때문이 아니라, 그것이 우리에게 중요한 것이기 때문에 말이야.'

"그렇습니다, 주님."

그녀는 결론을 내렸다.

"지금 주님의 도움이 필요합니다. 잃어버린 렌즈를 찾을 수 있도록 인도해 주십시오."

특별한 이유 없이 문득 그녀는 화장실로 걸어갔다. 그녀는 엎드려서 화장실 바닥의 두꺼운 깔개를 꼼꼼이 더듬어 보았다. 그러나 없었다. 아무것도 없었다.

그녀는 일어나서 세면대를 살펴보았다.

'렌즈를 여기에 떨어뜨렸다면 바로 배수관으로 떠내려갔겠지'라고 그녀는 생각했다. 그녀는 세면대의 크롬 플런저를 들어올리고 파이프 안을 들여다보았다. 그런데 거기, 금속 플런저 튜브 맨 밑바닥에 잃어버린 렌즈가 아주 작은 물방울처럼 매달려 있었다. 엘리자베스 뒤에 단 한 사람이라도 수도꼭지를 틀었더라면 렌즈는 떠내려가 버렸을 것이다.

"내가 부엌에서 기도한 지 일 분도 되지 않았을 때였어."

팁은 내게 가볍게 흥분한 목소리로 말했다.

"다른 곳을 찾아볼 가능성은 많았지만, 아마 나 스스로는 세면대 아래를 들어볼 생각을 백만 년이 지났더라도 하지 못했을 거야."

내 친구는 가장 기본적인 수준의 기도-구하는 것-을 경험했던 것이다. 우리는 필요나 어려움에 봉착할 때가 있다. 크고 작은 위기를 만날 수 있는 것이다. 그때 우리는 하나님이 참으로 우리 아버지시라는 예수님의 말씀을 그대로 받아들여서, 그의 자녀로서 우리의 필요를 아주 단순하고 직접적으로 받아들일 수 있다. 도움을 청하는 것이다.

만일 우리가 아직 그렇게 구체적인 기도 응답을 받은 경험이 없다면, 주님의 형제 야고보가 말한 것처럼 그것은 우리의 잘못이다.

"……너희가 얻지 못함은 구하지 아니하기 때문이요"(약 4:2).

또한 열두 제자들도 예수께 간구할 필요가 있음을 배웠다. 그들은 주님과 함께 여행하면서, 주님이 구하는 사람에게 분명한 말로 요청하도록 만드시는 것을 자주 보았다. 주님은 절대 일반적이고 모호한 요청을 대충 넘기지 않으셨다. 여리고를 떠나던 날, 두 명의 눈 먼 사람이 계속 예수님을 따라오면서 불러댈 때도 그러했다.

그들은 "주여 우리를 불쌍히 여기소서 다윗의 자손이여"라고 반복해서 예수님께 외쳤다(마 20:29-34).

두 사람이 눈 먼 사람임은 예수께도, 제자들에게도 분명한 사실이었다. 그러나 주님은 그 사람들의 노랫가락처럼 단조로운 반복되는 외침을 무뚝뚝한 질문으로 잠잠하게 하셨다.

"너희에게 무엇을 하여 주기를 원하느냐?"

단도직입적인 질문에 놀란 그들은 자기 연민에 빠진 태도에서 벗어나 경건한 자세를 취했다.

"주여."

그들은 새롭게 직접적으로 주께 말씀드렸다.

"우리의 눈 뜨기를 원하나이다."

주님은 즉시 응답하셨다! 그 순간, 주님의 얼굴에 나타난 사랑과 동정을 열두 제자들은 그 후에도 기억하고 있었다. 예수님은 얼마나 섬세하게 사람들을 돌보셨는지! 예수님은 눈 먼 그 두 사람의 눈을 차례로 만져 주셨고 그들은 즉시 보게 되었다.

이러한 과정을 지켜 본 제자들은 점차 예수님의 방법을 알게 되었다.

"네가 원하는 바를 정확히 내게 말하라."

예수님은 언제나 "내게 말하라, 내게 구하라"고 말씀하셨다. 우리의 필요를 하나님 아버지께 표현하는 것이 중요함을 주님은 여러 번 반복해서 가르치셨다.

"……하물며 하늘에 계신 너희 아버지께서 구하는 자에게 좋은 것으로 주시지 않겠느냐"(마 7:11).

"구하라 그러면 너희에게 주실 것이요……구하는 이마다 받을 것이요"(마 7:7-8).

"……구하라 그리하면 받으리니 너희 기쁨이 충만하리라"(요 16:24).

주님은 계속, 떡을 달라고 할 때 돌을 얻게 되지는 않을 것이라고 가르치셨다. 알을 달라고 할 때 땅에 있는 아비가 전갈을 주지 않는 것같이 하나님께서도 그렇게 하지 않으실 것이다(눅 11:11-12). 문을 두드리면 우리 앞에 활짝 열릴 것이다. 이와 같이 예수께서는 담대하게 구하면 응답받을 것이라고 말씀하셨다. 제자들이 이 말씀을 들었을 때, 무뚝뚝한 베드로와 의심 많은 도마는 우리도 종종 생각하게 되는 문제를 주님께 불쑥 여쭈어 보았다.

"주님, 하나님 아버지께서 우리의 필요를 모두 알고 계신데, 우리가 왜 간구해야 합니까?"

이것에 대한 예수님의 답변은 기도에 관한 그분의 가르침에 함축되어 있다. 주님은 기도가 어린아이와 비슷한 점이 있다는 것을 여러 번 강조하셨다.

"……누구든지 하나님의 나라를 어린아이와 같이 받들지 않는 자는 결단코 그곳에 들어가지 못하리라"(막 10:15).

그래서 예수님은 크고 억셌던 제자들을 가르치실 때에도 그들에게 사랑하는 마음으로 "이 작은 자들아……"라고 말씀하셨는지 모른다.

어린아이의 특징은 단순하게 구한다는 것이다.

어린아이가 아무 부끄러움이나 주저함 없이 부모에게 필

요한 것을 구하는 것은, 무의식적으로 자신의 무력함을 드러내는 것이다. 그리고 그런 어린아이가 부모와 정상적이고 올바른 관계를 맺는 것과 같이, 즉각적인 간구는 우리와 하나님 간에 올바른 관계를 맺게 한다.

이러한 행동은, 하나님이 우리가 필요로 하는 부와 자원의 창조주라는 사실을 인정하는 데에서 나온다. 우리는 도움을 필요로 하는 피조물이고, 그 필요는 우리를 작아지게 한다. 때문에 도움을 구하기 위해서는, 하나님께든 혹은 다른 사람에게든 자존심과 자아를 다스리며 공손해야 한다.

운전 중에 길을 잃은 경우와 같이 단순한 사건들은, 간구하는 일에 있어서 우리의 자존심이나 고집을 적나라하게 보여 준다. 우리는 대개 잠깐 멈추고 기도하며 도움을 요청하기보다는 이 길 저 길로 헤매면서 시간을 낭비하고 정로에서 몇 킬로미터씩 벗어나기도 한다.

하나님께서는 우리에게 간구하라고 종용하신다. 그것은 하나님이 우리의 상황을 아실 필요가 있기 때문이 아니라, 우리에게 간구하는 영적 훈련이 필요하기 때문이다. 구체적으로 요청을 하면 믿음이 한 걸음 더 나아가게 된다.

우리 중 많은 사람들이 보통 추상적으로 기도하는 이유는, 하나님을 너무 크게 생각하기 때문이 아니라 너무 작게 생각하기 때문이다. 우리는 구체적으로 기도했는데도 그 요구가 받아들여지지 않을 때, 우리가 가지고 있는 그 작은 믿음조차 잃어버릴까봐 두려워하는 것이다. 그래서 우리는 고상한 "영적" 기도의 안전한 길로 물러앉는다. 그러나 이 기도는 진정한 기도가 아닌 "자기 기만의 독백"이라고 물리치신 기도이다.

이러한 기도 아닌 기도에 대해 언급하며, 루이스는 『스크루테이프의 편지』라는 그의 유명한 저서에서 악마 스크루테이프를 통해 제자 웜우드에게 다음과 같이 충고한다.

> "그가 어머니를 위해 기도하는 것을 막는 일은 불가능해. 그러나 우리에게는 기도를 해롭게 바꿀 수 있는 수단이 있지. 그들이 아주 '영적'임을 강조하여 항상 어머니의 영혼의 상태에만 관심을 갖게 하고, 어머니의 류머티즘에 대해서는 절대 관심을 갖지 않게 하면 되는 거야……." [1]

---

1) C. S. Lewis, 『The Screwtape Letters(스크루테이프의 편지)』New York : The Macmillan Co., 1943,, p. 21.

우리는 이상하게도 류머티즘으로 인한 고통이 제거되는 일이나 잃어버린 렌즈를 찾는 일에 대해서는 간구하기를 두려워하면서도, 세계 평화나 영혼의 구원 혹은 이 세대를 변화시키는 일을 위해 기도하는 것은 주저하지 않는다. 만약 하나님의 능력이 이러한 매일매일의 사소한 기도를 응답해 주시기에 부족하다면, 크고 보편적인 기도를 해결하실 능력 역시 부족하리라는 생각은 하지 못하는 것이다.

우리가 믿음의 싸움에서 물러서지 않음을 분명히 하기 위해서, 기도할 때 자신에게 이렇게 물어 본다면 도움이 될 것이다.

"나는 진정으로 이 일이 일어날 것을 기대하는가?"

이 질문은 아이쇼핑식의 기도를 피하는 데 도움이 될 것이다. 아이쇼핑이 즐거울 때도 있다. 그러나 그것은 거기서 끝난다. 아무 가치가 없다. 우리는 그저 어떤 것을 살 의향 없이 바라보기만 하는 것이다. 그래서 몇 시간 동안 돌아다녔을 뿐 집에 가져가는 것은 아무것도 없다.

너무나 많은 우리의 기도들 – 개인 기도나 공중 기도 모두 – 이 그저 가능성 있는 탄원 가운데 돌아다닐 뿐 구체적인 모습을 전혀 드러내지 않는다. 어쩌면 우리는 붕 뜬 것 같은 감정 이외에는 기도로부터 아무것도 기대하지 않는지도 모른다.

우리가 바라던 대로 정확히 기도 응답이 이루어지지 않을 경우 우리는 하나님에 대한 믿음을 잃어버린다. 그런데 한 가지 생각해보자. 과연 우리가 하나님만큼 우리의 믿음의 상태에 대해 관심을 기울일 수 있을까? 우리가 하나님을 신뢰해야하는 것은 그것이 곧 하나님의 뜻이며, 또한 아버지 되신 하나님의 마음이시기 때문이다. 그렇다면 분명히 우리는 믿음을 잃을까봐 염려하는 마음도 하나님의 지켜 주심에 맡길 수 있을 것이다.

나아가 우리가 응답받지 못하는 것이 우리의 잘못 때문에, 즉 하나님의 조건을 모두 충족시키지 못했기 때문일까봐 두려워하는가? 만일 그렇다면, 우리는 정말 우리에게 부족한 그 모든 것, 즉 하나님의 조건들을 충족시킬 믿음이나 인내심 혹은 능력 등 그 무엇까지도 공급해 주실 수 있는 하나님의 능력을 의심하는 것이 아닌가?

예수께서는 종종 하늘 나라의 "상급"에 대해 말씀하셨다.

만약 이것이 너무나 물질주의적이어서 마음이 상한다면, 우리는 주님보다 더 "영적"이 되려고 전전긍긍하는 것이나 다름 없다.

노련한 기도의 용사인 존 라이스는 그의 저서 『능력 있는 기도』에서 이 사실을 단호하게 표현했다.

> "기도는 시내 관광을 하는 멋진 세단이 아니다. 기도는 곧장 창고로 가서 뒷칸을 열고 물건을 실어서 집으로 가지고 오는 트럭이다……."[2]

우리에게는 이런 기도를 할 수 있는 깊은 믿음이 없다고 생각할 수도 있다. 그러나 경험 많은 성도들은, 하나님께서는 우리의 가장 불완전하고 비틀거리는 믿음의 한 걸음을 "우리가 구하고 생각하는 것 이상으로" 주시기 위한 활짝 열린 문으로 사용하신다고 말한다.

우리는 어떤 사소하고 즉각적인 필요에 따라 그분의 도움을 간구하기로 결정한다. 우리의 간구는 마치 아주 작은 대

---

2) John R. Rice, Prayer-Asking and Receiving(Wheaton, Ill. : Sword of the Lord Publishers, 1942, 『능력 있는 기도』- 생명의말씀사 역간), p. 50.

기실로 들어가는 걸음과 같다. 머뭇거리며 한 발을 앞으로 내디뎠을 때 우리는 그 대기실이 왕의 접견실로 인도해 주는 곳임을 발견하게 된다. 놀랍게도 왕이 직접 나와, 너무나 어마어마해서 왕에게나 어울릴 만한 선물을 주면서 우리를 맞아 주신다. 그것은 영광의 주님과 친교를 맺을 수 있는 영원한 선물이다.

"너는 내게 이번 달 집세 낼 돈을 요청했구나."

그분은 미소를 지으신다.

"여기 내 발 앞에 앉아 집세에 대해서뿐만 아니라 다른 문제에 대해서도 이야기를 나누어 보자. 나는 네게 할 말이 많단다. 만일 네가 내 우정을 받아들인다면 앞으로 너와 나는 즐거운 교제를 갖게 될 것이다. 나는 네게 가르쳐 줄 것이 참으로 많단다. 이 모든 것을 다 가르쳐 주려면 영원한 시간이 걸릴 것이다."

우리의 상황은, 오래 전 수가라는 동네에 있던 야곱의 우물가에서 주님이 물을 좀 달라 요청하셨던 이름 모를 여인과도 같을지 모른다. 자신을 향한 그 낯선 사람의 꿰뚫는 듯한 시선과 예리한 질문을 통해 그 여인은 자기를 매일 이 우물로 오게 하는 목마름은 표면적인 문제에 불과함을 발견했다. 주님께서는 그녀에 대한 모든 것과 그녀가 저지른 모든 부정한 일들을 알고 계셨다.

그러나 그때에는 아무 정죄가 없었으며 다만 부드럽게 치유하시는 사랑만이 그녀가 그토록 오랫동안 찾고 있던 해답을 지적해 주었을 뿐이었다(요 4:5-30).

이와 같이 예수님과 직접 맞대면한, 일대일의 관계에서는 우리의 즉각적이고 물질적인 필요와 신체적 필요를 다룰 뿐만 아니라, 좀 더 깊이 숨어 있는 필요, 즉 올바른 태도와 건선한 감정, 적합한 동기 그리고 다른 사람들과의 관계에 대한 문제의 해결법 등의 필요도 다룬다.

그러므로 간구는 말로 표현되는 것 이상이다. 우리의 입술은 마음의 진정한 간구를 정확하게 다 전달하지 못한다. 감정의 영향 때문에 종종 비현실적인 기도가 되고 마는 것이다. 때로는 우리가 원하는 것이 정확히 무엇인지 우리 스스로도 잘 알지 못해 온 마음을 다해 간구할 수가 없다. 어쩌면 우리는 우리의 간구를 구체적으로 만드는 우리의 소망이나 꿈을 충분히 알지 못하는지도 모른다.

그렇다면 우리는 다른 차원의 간구가 있어야 한다는 결론에 도달하게 된다. 그것에 관해 배울 것은 너무나 많다.

"주님, 제게 기도를 가르쳐 주소서!"

기도는 간구
간절히 간구합니다

주 예수님, 주님은 마구간에 나셔서 짚 위에 누우셨습니다. 주님은 먼지 덮인 길을 걸으셨고, 목마르셨으며, 시원한 물이 목으로 넘어가는 것을 즐기셨고, 웃으셨으며, 때로는 눈물을 흘리시기도 하셨습니다. 수님은 바로 저를 현실로 돌아오도록 부르는 분이십니다. 이제 저는 압니다. 제가 영적으로 높은 것이라고 생각했던 것이 주님이 보시기에는 허황되고 거짓된 것임을 말입니다. 또 이보다 더 나쁜 것은, 그것이 종종 저에게 주님께 간구하는 것을 받지 못할까봐 두려워하는 자신을 숨기는 외투가 되어왔다는 것입니다.

저보다 훨씬 전부터 살아 계신 주님께서 지금 저와 함께 거리로 가셔서 제가 잃어버린 전화번호 적어 놓은 종잇조각을 찾도록 도와주소서. 주님께서 제 아내가 잠을 잘 이룰 수 있게 해주시며, 제 이웃 사람의 관절염을 고쳐 주시고, 존이 직업을 갖도록 도와주시기를 원합니다.

주님께서는 전인격적인 하나님이실 뿐만 아니라, 전인격적인 인간이라는 사실을 알 때 행복이 홍수처럼 제 마음속에 밀려옵니다. 제가 부딪

히는 어떤 어려운 문제도 주님께서 저보다 먼저 다 경험하셨습니다.

    그래서 주님께서는 제게 모든 필요를 아뢰라고 부탁하고 계시며, 제 간구를 기다리시고, 그것에 합당한 기쁨과 좋은 선물을 약속하십니다. 주님, 저는 정말_____이 필요합니다. 저는 또 주님께 _____을 위해서도 간구합니다.

    이러한 부탁들에 대한 주님의 생각을 제게 알려주지 않으시겠습니까? 혹시 그것이 아무 유익이 없는 해로운 탄원은 아닌지요? 주님께서 제 부탁을 들어주시기 전에 제가 주님 앞에 드려야 할 성장의 단계나 용서나 순종이 있는지요? 그리고 주님, 만일 제게 주님의 완전하신 시간을 기다려야 할 인내가 필요하다면, 저는 또한 주님께서 그 인내도 주실 것을 간구합니다.

    기대 속에서 저는 주님의 응답을 기쁘게 기다립니다. 감사드리며 주 예수님 이름으로 기도합니다. 아멘.

2
무력함을 인정하는 기도

"…만일 하늘에서 주신 바 아니면
사람이 아무것도 받을 수 없느니라"
요 3:27

나는 워싱턴에 살 때, 듀크 엘링턴 다리에서 뛰어내려 자살한 사건들에 대한 신문 기사를 눈여겨보곤 했었다. 사건이 끊이지 않고 일어났기 때문에 그 다리는 "자살의 다리"라고까지 불렸다.

기사의 간단한 논평 이면에 펼쳐진 인간 드라마—수술 불가능한 암에 걸린 31세의 공군 소령 부인이 뛰어내린 일이나, 아내가 죽자 뛰어내린 노인의 경우와 같은—를 읽으면서 나는 종종, 이 모든 비극 가운데는 공통 분모가 있을지도 모른다고 생각했다. 즉 그 사람들은 무력함을 느낀 것이 틀림 없다고 생각했다.

"내가 만일 결정적인 순간에 그 사람들과 이야기할 수 있었다면, 무력함은 인간이 가질 수 있는 가장 큰 자산 중 하나라고 설득했을텐데!"

왜냐하면 나는 "하늘은 스스로 돕는 자를 돕는다"는 낡은 글귀가 사람들을 그릇 인도할 뿐만 아니라 종종 완전히 잘못된 것이라고 생각하기 때문이다. 내가 받은 놀라운 기도 응답들은 내가 아주 무력했을 때, 즉 스스로는 아무것도 할 수 없을 만큼 감당하기 어려웠을 때 이루어졌다.

시편 기자는 이렇게 말한다.

"곤란 중에 나를 너그럽게 하셨사오니" (시 4:1).

마침내 나는 내게 닥친 '곤란'이 바로 하나님의 사랑이 어린, 가장 깊은 배려라는 사실을 깨달았다. '곤란' 속에서 우리는 하나님이 살아 계시다는 것과 영광스럽게도 하나님만이 우리의 문제 해결에 가장 탁월하시다는 것을 배울 수 있다.

내가 첫 작품을 쓰는 동안에도 그러한 경험을 할 수 있었다. 스코틀랜드의 장로교 목사이며 미국 상원 의원 담당 목사였던 남편 피터 마셜을 젊은 나이에 먼저 떠나 보내고 홀로 남은 나는 그의 전기를 쓰기 시작했다. 그런데 사람들은 이것을 무모한 일이라고 생각했던 것 같다. 원고를 쓰던 중간에, 내가 평소 판단력이 뛰어나다고 생각해온 사람으로부터 통렬한 비판을 받았다. 그는 내게 무뚝뚝하게 말했다.

"당신은 피터 마셜이라는 사람의 내면 세계에는 입문도 하지 않았소."

그의 말은 옳았으며 나를 아프게 찔렀다. 작가로서 내가 부적합함을 느낀 것은 지적인 면뿐만이 아니었다. 감정적인 면 역시 그랬다. 많은 눈물을 흘렸다. 그러나 위기를 벗어나면서 한 가지 중요한 사실을 깨달았다.

나는 무력하므로 그 작업을 하나님의 손에 맡기는 수밖에 다른 길이 없었다. 나는 『피터라는 사나이(A Man Called Peter)』라는 책이 하나님의 것이 되도록, 그리고 그 결과 역시 모두 하나님의 것이 되도록 기도했다.

그리고 그렇게 되었다. 나는 이 책이 전세계적으로 읽혀지고 있다는 사실을 믿을 수가 없다. 그러나 가장 놀라운 것은 이 책의 출간이나 20세기 폭스사에서 제작한 영화보다도, 때때로 그 책을 통해 삶이 변화되었다는 말-피터 마셜의 생애에서 영감을 얻어 목회를 시작하게 된 사람들의 말-을 듣는 것이었다.

수년 뒤에 나는 매일매일의 상황-가정 문제에 있어서의 도움-에서 무력함을 인정하는 기도가 역사하는 것을 보았다. 1959년 가을, 레너드와 결혼하기 전에 나는 그의 어린 세 자녀를 돌봐야 한다는 생각에 두려워 하고 있었다. 내 아들 피터 존은 3년 전부터 학교에 가 있었기에, 그동안 나는 작가라는 직업에 온전히 몰두하며 지낼 수 있었다. 걱정하는 나를 안심시키려 애쓰면서 레너드는 기꺼이 가사를 돕는 사람을 두겠다는 약속을 했다.

그러나 뉴욕 차파콰에서 돕는 사람을 둔다는 것은 믿기 어려울 만큼 힘들었다. 몇 달이 지나갔다. 겨우 누군가 오더라도 몇 주 있다가는 가 버렸다. 우리는 구인 광고를 냈지만 성공하지 못했다. 열심히 기도했지만 해결되지 않았다. 나는 모든 것을 내가 하기로 결정했으나, 곧 가사일이라는 것이

한 사람이 전담한다해도 벅찬 일임을 깨달았다. 몇 주가 지나도록 나는 책상에는 가까이 가지도 못했다.

그래서 다시 한번 옛날의 익숙한 방법, 즉 나 혼자서는 아무것도 할 수 없다는 무력함을 인정하는 기도를 하고 나자, 나의 가장 중요한 책임은 우리 가정을 돌보는 것이라는 통찰을 갖게 되었다. 만약 하나님께서 내가 글 쓰는 일을 다시 계속하기를 원하신다면 내게 그 길을 보여 주실 것이라고 생각했다.

이렇게 스스로의 무력함을 인정한 뒤에야 루시 아르세노라는 이가 우리에게로 와 주었다. 루시는 꾸준하고, 믿을 만하며, 충실하고, 요리 솜씨가 뛰어난 훌륭한 사람이었다.

하나님께서는 왜 기도에 응답하시기 전에 필수 조건으로 우리가 스스로 무력함을 인정하게 하실까? 한 가지 분명한 이유는, 인간이 무력하다는 근본적인 사실 때문이다. 하나님은 사실주의자이시기에 우리 역시 사실주의자가 되기를 고집하신다. 인간의 힘만으로 우리 마음의 소원을 이룰 수 있다고 스스로 속이고 있는 한, 우리는 거짓을 믿고 있는 것이다. 그리고 자기 기만과 거짓을 바탕으로 하나님께 기도 응답을 받는다는 것은 불가능한 일이다.

그러면 우리 인간의 상황에 대한 진리는 무엇인가? 우리 중 누구도 우리의 출생에 대해 무엇인가를 할 수 있는 사람은 아무도 없다. 남자나 여자가 되는 것도, 일본인이나 러시아인이나 혹은 미국인이 되는 것도, 백인이나 황인이나 흑인으로 태어나는 것, 어느 하나도 우리의 마음대로는 할 수 없다. 우리는 우리 가계(家系)나, 근본 정신이나, 육체의 조건에 아무런 영향도 끼칠 수 없다.

이것은 우리가 태어난 후에도 마찬가지다. 우리 몸의 생명을 유지하는 모든 중요 기관은 자율적인 신경 조직이 주관한다. 우리의 심장을 뛰게 하고, 우리 허파가 숨을 쉬게 하며, 피를 돌게 하고, 우리의 체온을 섭씨 37도로 유지시키는 힘의 정체가 정확히 무엇인지 우리는 아무도 모른다.

외과 의사가 우리의 조직을 칼로 자를 수는 있을지라도, 잘라낸 조직을 다시 몸에 붙게 만드는 데에는 무력하다. 우리는 어쩔 수 없이 자연적으로 늙어가고 있다.

자기 힘의 과시? 천만의 말씀!

우리가 살고 있는 이 지구에서조차 우리는 그 피조물에 대해서 아무것도 할 수 없다. 이 작은 행성인 지구는 열과 빛의 원천으로부터 정확하게 알맞은 거리-약 1억 5천만 킬로미터-에 놓여 있다. 조금만 더 가까웠더라도 우리는 태양열에 모두 타버렸을 것이며, 조금만 더 멀어졌더라면 우리는 얼어 죽었을 것이다. 공기 중의 산소와 질소의 양도 생명을 유지하기에 아주 정확하고 알맞게 되어 있으며, 흙과 광산, 이 모든 것이 지구 위에서 숨쉬며 활보하는 작은 인간과는 아무 상관없이 유지되고 있다.

예수님은 이 모든 것에 대해서 어떻게 말씀하셨는가? 언제나처럼 예수님은 바로 문제의 핵심을 찌르신다.

"나를 떠나서는 너희가 아무것도 할 수 없음이라"(요 15:5).

아무것도 할 수 없다고? 어쩌면 이 사실에 대해 공감하지 못할 수도 있을 것이다. 어쨌든 우리 인간은 대단한 진보를 해오지 않았는가. 우리는 천연두, 흑사병, 결핵, 소아마비 등 대부분의 어린이 전염병을 거의 해결해 버렸다. 우리는 우리의 환경을 어느 정도 조절하는 법을 배웠다. 우리는 달

나라에 착륙하기까지 했다. 어떻게 이 모든 것을 그저 무력하다고 할 수 있는가? 우리 대부분은 이러한 생각을 별로 달가워하지 않는다. 우리 세대의 '인본주의'라는 이단은 우리가 우리 자신의 운명의 주인이 되기에 적합한 것처럼 믿도록 훈련시켜 왔다.

그러나 예수님은 우리의 무력함만을 말씀하시는 것이 아니다. 그분은 인간의 모습으로 계시는 동안, 같은 무력함이 자신에게도 적용된다고 우리에게 말씀하시며 그 사실을 더욱 강조하셨다. 그분은 제자들에게 이렇게 말씀하셨다.

> "내가 아무것도 스스로 할 수 없노라……아버지께서 내게 주사 이루게 하시는 역사……" (요 5:30, 36).

다른 모든 것에서와 마찬가지로 여기에서도 예수님은 완전한 인간의 모습을 보이셨다. 성경 말씀은 우리의 육체적인 생활뿐만 아니라, 영적인 생활과 관련해서도 우리가 얼마나 무력한가를 조목조목 열거해 준다. 우리에게는 하나님께로 향하고자 하는 마음이 있다. 또한, 우리는 하나님께 닿을 수 있다고 생각한다. 그러나 그렇지 않다. 예수님은 우리에게 말씀하셨다.

> "나를 보내신 아버지께서 이끌지 아니하시면 아무도 내게 올 수 없으니……" (요 6:44).

우리는 우리 죄로부터 구원 받기 원한다. 우리는 우리가 그 구원을 획득할 수 있다고 생각한다. 그러나 그렇지 않다. 진리는 이것이다.

> "……이것은 너희에게서 난 것이 아니요 하나님의 선물이라……이는 누구든지 자랑하지 못하게 함이니라" (엡 2:8-9).

승리하는 삶을 위해 필요한 덕과 은혜, 즉 믿음, 기쁨, 오래 참음, 마음의 평안, 비참한 사람과 사랑스럽지 못한 사람을 사랑할 수 있는 힘 등을 우리 스스로 지닐 수 있는 길은 어디에도 없는 것이다.

바울은 갈라디아서 5장 22-23절에서 이것들이 성령의 선물이라 말한다. 다른 방법으로는 그것들을 얻을 수 없다.

"……만일 하늘에서 주신 바 아니면 사람이 아무것도 받을 수 없느니라"(요 3:27).

우리의 무력함에 대한 강조는 다른 시대를 산 그리스도인들의 저서에서도 종종 발견할 수 있다. 예를 들면 17세기의 작은 보석과 같은 책, 브라더 로렌스의 『하나님의 임재 체험하기』에서도 '무력함'은 이 카르멜파 수사가 하나님과 형제의 관계를 갖는 데 있어 중요한 역할을 한다.

> 실제로 어떤 덕행을 해야 할 때가 오면, 그는 하나님 앞에 이 사실을 다음과 같이 아뢰었다. "하나님, 하나님께서 도와주지 않으시면 저는 아무것도 할 수 없습니다." 그럴 때마다 하나님께서는 그에게 넘치도록 풍부한 힘과 용기를 주셨다.
> 자신이 맡은 책임을 감당하지 못하고 실패했을 때, 그는 그의 잘못을 하나님 앞에 고백하면서, "하나님, 하나님께서 저를 홀로 버려 두시면 저의 힘으로는 실패할 수밖에 없습니다. 저의 허물을 감춰주시고, 저의 잘못을 용서하여 주실 분은 하나님 한 분뿐이십니다"라고 도움을 청하는 기도를 드린다. 그리고 그 일을 더 이상 불안해하지 않는다.[1]

로렌스 수사처럼 성숙한 사람은 극히 드물지만, 그러나 우리 모두는 때때로 너무나 무력하여 도저히 더 이상 아무것도 할 수 없는 상황에 사로잡혀 있는 자신을 발견하곤 한다. 그러나 당신에게 이런 일이 발생할 때 환영하라! 이러한 순간에 우리는 마침내 "나를 떠나서는 너희가 아무것도 할 수 없음이라"는 진리의 말씀으로 들어갈 수 있다.

주석 성경(Interpreter's Bible)의 요한복음 주해를 쓴 아서 고십 박사는 다음과 같은 재미있는 설명을 하고 있다.

> "나를 떠나서는 너희가 아무것도 할 수 없음이라는 말씀은 성경 말씀 중 가장 도움이 되는 말씀이다. 왜냐하면 우리의 연약함을 솔직하게 인정할 때에야 비로소 그리스도께서 우리에게 주신 그분의 위대한 약속이 주어지기 때문이다……"

이 영광스럽고 위대한 약속은 우리의 무력함을 수천 번 쓸어 버리고도 남는다.

---

1) Brother Lawrence, Conversations : The Practice of the Presence of God(Old Tappan, N. J.: Fleming H. Revell Co., 1973, 『하나님의 임재 체험하기』생명의말씀사 역간), p. 15-16.

"……하나님으로서는 다 하실 수 있느니라"(마 19:26).

월등하시고 탁월하시며 무한하신 하나님이, 우리가 깨닫는 것보다 훨씬 더 완전하게 모든 것을 이기시며 모든 것을 해결하신다고 우리에게 말씀하고 계시다.

무력함만 있는 우리는 마치 한쪽 날개로만 날려고 하는 새와 같다. 그러나 하나님의 충만함이라는 또 하나의 날개가 우리의 무력함에 합쳐지면, 지금까지 우리를 패배시켰던 문제들을 해결하고 그 위에서 승리의 개가를 부르며 드높이 날아오를 수 있다.

뉴욕의 유명한 설교자인 심슨(A. B. Simpson) 박사의 이야기는 언제나 감동을 준다.[2]

그는 항상 병을 달고 다녔다. 두 개의 신경이 파열됐고 심장도 좋지 못했다. 의사는 38세인 그에게 40세까지도 살지 못할 것이라고 했다. 그 의사의 진단은, 심슨 박사가 매우 잘 알고 있는 자기 몸의 무력함을 확인해 준 것에 불과했다.

---

2) A. B. Simpson, The Gospel of Healing(Harrisburg, Pa. : Christian Publishers, 1915), p. 169

그에게 설교는 고통스러운 일이었다. 조금만 경사진 곳에 올라가도 숨이 차서 숨이 막힐 듯한 고통을 느꼈다. 몸은 병들고 영 또한 절망에 빠진 좌절감 속에서, 심슨 박사는 예수께서 병에 대해 어떻게 말씀하셨는지를 알아보려고 성경을 찾았다. 그리고 마침내 그는 예수께서는 언제나 인간의 전 인격을 구속하기 위해, 병 고치심을 그분의 복음의 일부로 여기고 계시다는 확신을 얻게 되었다.

이러한 계시를 얻은 직후 어느 금요일 오후, 심슨 박사는 교외로 산책을 나갔다. 그는 언제나 숨이 찼기 때문에 고통스럽게 그리고 천천히 걸을 수밖에 없었다. 소나무 숲을 거닐 때 그는 잠깐 쉬려 한 통나무 위에 걸터앉았다. 그리고 곧 자기도 모르게 기도를 했다. 그는 자기 몸의 상태에 관한 한 자신이 완전히 무력함을 하나님께 말씀드렸다. 그러나 그는 그 무력함에 하나님께서 언젠가 "건강하게" 해주실 것이라는 믿음을 덧붙였다.

이것은 곧 위엄 있고 능력있는 조화, "나의 철저한 불완전성과 주님의 철저한 완전성"을 말함이었다. 그러고 나서 그는 그리스도께서 그의 과업을 완수할 때까지, 그의 몸에 필요한 모든 것을 위해 그의 육체적인 생명이 되어 주실 것을 간구했다.

"그 숲 속에서 나는 하나님과 연결되었습니다."

나중에 그는 이렇게 말했다.

"내 안의 모든 체질은 하나님의 임재하심에 달려 있었습니다."

그 후 이삼일 뒤 심슨 박사는 3천 피트(약 900m)나 되는 높은 산에 올라갔다.

"내가 산 정상에 올랐을 때 연약함과 두려움의 세계는 내 발밑에 있었습니다. 그때 이후로 나는 정말 문자 그대로 가슴 속에 새로운 심장을 갖게 되었지요."

그는 즐겁게 말했다.

치료된 후 3년 동안 그는 천 번 이상의 설교를 했다. 어떤 때는 일주일에 20번이 넘는 모임을 갖기도 했다. 그러나 그는 그 후 한 번도 피로하지 않았다고 간증했다. 나머지 일생 동안 그는 설교, 목회, 집필 등 놀랄 만큼 많은 일을 한 것으로 알려져 있다. 그는 76세까지 살았다.

게다가 심슨 박사가 이룬 업적은 그가 죽은 뒤에도 건재하다. 그가 설립한 선교사 연합회는 오늘날에도 여전히 강력한 영적 힘을 발휘하고 있다. 또한 그가 쓴 책은 끊임없이 출판되어 수백만 명에게 축복을 주고 있다.

기도는 왜 우리 자신의 무력함을 인정할 때에야 그토록 놀라운 힘을 보여주는 것일까?

첫째, 우리가 살펴본 바와 같이 하나님께서는 우리의 진정한 상태를 받아들이기를 원하시기 때문이다. 이렇게 하여 스스로 기도의 체계를, 자기 미혹이나 그저 바라는 생각이 아니라 진리의 단단한 기초 위에 세우게 하는 것이다.

이러한 무력함에 대한 인식과 인정은, 하나님께서 기도에 꼭 필요하다고 여기시는 올바른 태도로 가는 가장 빠른 길이다. 이것은 가장 심각한 죄, 즉 하나님을 무시하는 인간의 독립성에 치명적인 일격을 가한다.

둘째, 우리가 우리 자신이나 다른 사람들을 의지하고 있는 한 우리는 하나님에 대해서, 즉 하나님은 어떤 분이신지, 우리 개인에 대한 하나님의 사랑과 하나님의 진정한 능력이 어떠한지를 배울 수 없기 때문이다. 그리고 예수님과의 교제가 삶의 진정한 목적이며 영원을 위한 유일한 기초이기 때문이다. 그분이 우리에게 주시는 것은 매일매일의 진정한 교제이다.

그러므로 만약 당신의 모든 인간적인 계획과 계산이 빗나갔으며, 버팀목이 하나하나 쓰러져 버렸고, 당신의 눈앞에서 모든 문들이 닫혀져 버렸다면 마음을 놓아라. 이는 하나님께서 당신에게 이 메시지를 전하시려는 것이다.

"불완전한 인간적인 능력을 의뢰하는 것을 그만 두어라.
그 문제를 내가 주관하도록 하라."

다음은 하나님께 무력함을 인정하는 기도를 드리기 위한 세 가지 방안이다.

첫째, 하나님께 솔직하라. 하나님 보시기에 당신이 무력함을 당신이 알고 있음을 하나님께 아뢰라.

만약 그것이 하나님께서 원하시는 바라면, 하나님께서 당신이 당신의 무력함을 감정적인 수준에서 느끼게 만드시도록 허용하라. 그리고 그것이 고통스러울 수도 있다는 것을 인식하라. 이 첫 단계는 심리적인 이유에서 꼭 필요하다. 우리의 감정이 만져지지 않는 한 그것은 마치 퓨즈에 전류가 흐르지 않은 채 있는 것과 마찬가지이다.

둘째, 마음의 소망을 하나님께 가져가라.

당신은 당신의 무력함을 받아들였다. 이제는 그와 같은 의지로, 당신이 할 수 없는 것을 하나님께서 당신을 통해 하실 수 있다는 믿음을 붙잡도록 하라. 한동안 이것은 골짜기에 매달린 채 허공을 의지하고 있는 것처럼 보일지도 모른다. 그러나 이러한 감정에 흔들리지 말고 하나님께서 그 일을 이루고 계심을 조용히 감사하라.

셋째, 이제 문이 열리는 것을 바라보라.

올바른 문이 열렸을 때 당신은 하나님의 손이 손잡이 위에 있다는 조용한 내적 확신을 갖게 될 것이다. 그때가 당신이 행동할 때이며, 창조적으로 활동할 기회이다.

훗날 어느 햇빛 비치는 날에 과거를 돌아보면, 하나님께서 당신으로 하여금 하나님 한 분 안에서만 있을 수 있도록 돌보아 주신 것에 대한 찬양이 넘쳐날 것이다. 이처럼 엄격한 하나님의 섭리 없이는 결코 무력함을 인정하는 기도의 놀랄 만한 위력을 직접 배울 수 없음을 알아야 한다.

무력함을 인정하는 기도
주여, 어디 계십니까

주님, 저는 너무나 환경에 억눌리고 있습니다. 저는 마치 막다른 곳에 몰린 동물과 같습니다. 주님, 이런 상황 속에서 주님은 어디 계십니까? 밤이 깊습니다. 저는 주님의 임재하심을 느낄 수 없습니다.

어둠이란, 실제로는 "안아 주시려고 내민 주님의 손길로 드리워진 그림자"[3]임을 그리고 "주님께서 둘러막고 계신 것"임을 알도록 도와주소서. 어쩌면 주님께서는 저의 주의를 끌 만한 다른 길이 없으셨는지도 모르고, 또 어쩌면 주님께서 제 생활을 간섭하시는 것을 허용할 다른 길이 저에게 없었는지도 모릅니다.

이제 저는 제 컵이 비어 있을수록, 주님의 사랑과 공급을 받을 수 있는 공간은 더 넓어진다는 사실을 압니다.

---

[3] Complte Poetical Works of Francis Thomson, :The Hound of Heaven"(New York : Boni and Liveright. Inc.), p. 93. 원시 "결국 나의 슬픔, 주님의 손길이 드리운 그림자가 끌어안 듯 뻗치는가?" 부분을 개작

주님, 저는 이 상황_____을 주님 손에 맡깁니다. 주님의 때에 그리고 주님의 방법으로 주님의 충만하신 저장소에서 그것을 채워 주시기를 간구합니다.

　하나님 아버지, 저를 토대로 해서가 아니라 예수님과 예수님의 가치를 우선으로 해서 주님의 풍부하심이 제게도 허락되는 것을 깊이 감사 드립니다. 그러하기에 예수님의 이름에 힘입어 기도 드립니다. 아멘.

3
꿈을 이루는 기도

"묵시가 없으면 백성이 방자히 행하거니와…"
잠 29:18

내가 새롭게 알게 된 사실 가운데 하나는, 인간이 하는 모든 일-당신과 나의 생활 가운데 일어나는 대부분의 행동까지도-은 각자의 마음 속의 생각이나 그림에서 시작된다는 사실이다. 이 사실을 내게 처음 가르쳐 주신 분은 내 어머니셨다. 또한 어머니는 꿈을 이룰 수 있는 기도를 생생하게 제시해 주셨다.

십대 소녀 시절, 나는 대학 진학의 꿈을 갖고 있었다. 그러나 그때는 불경기였고 아버지가 목회하던 교회도 역시 경제적인 어려움을 겪고 있었다. 그런데 나는 조지아주 디케이터의 아그네스 스콧 대학에 합격했고 근로 장학금도 받게 되었다. 그러나 입학금을 내기에는 여전히 500-600불 정도가 모자랐다.

어느 날 저녁, 어머니는 내가 침대에 얼굴을 파묻고 흐느끼고 있는 것을 보셨다. 어머니는 내 곁에 앉으셨다.

"이 문제를 놓고 함께 기도하자"고 어머니는 조용히 말씀하셨다. 우리는 어머니와 아버지가 처음 집을 장만했을 때 샀던 구식의 황금빛 오크나무 침대 옆에 무릎을 꿇었다.

"나는 네가 대학에 가는 것이 옳다는 것을 안다. 하나님께서 그 꿈을 네 속에 심어 주셨을 거야. 그러면 그것을 어떻게 이룰 수 있을지 우리 하나님께 간구하기로 하자꾸나."

침대에서의 그 조용한 순간에 확신과 새로운 결단이 내 안에 흘러 들어왔다. 어머니의 믿음에는 전염성이 있었다. 분명 응답이 올 것이다. 그러나 어떻게 오는지는 어머니도 나도 몰랐다.

나는 바로 내려가서 아그네스 스콧 대학으로 갈 준비를 했다. 잠시 후 어머니는 연방 작가 프로젝트로부터 그 지역의 역사를 써 달라는 제안을 받았다. 나는 어머니의 원고료로 대학에 갈 비용을 충분히 충당할 수 있었다.

어머니가 이러한 꿈을 이루는 기도를 사용하신 훨씬 더 극적인 예는, 서부 버지니아의 황폐한 지역인 "레디칼 언덕"에서 온 한 소년과 관련되어 있다. 수양 부모와 살던 레이먼드 토머스는 그의 친부모가 누군지 몰랐다.

작업복을 입고 무릎까지 오는 농부 신발을 신은 레이는 내 어머니와 이야기를 나누러 오곤 했다. 그는 언제나 깨끗한 차림이긴 했지만, 양복은 한 벌도 없었다. 어느 여름날, 그 소년은 우리집 현관 앞 포도 덩굴로 그늘진 계단 꼭대기에 앉아 어머니와 이야기를 나누고 있었다. 어머니는 나무로 만든 흔들 의자에 앉아 콩 껍질을 까기도 하고 완두콩의 줄기를 떼어 내기도 했으며 해진 양말을 꿰매기도 했다. 어머니는 곧 그가 무한한 잠재력과 올곧은 정신을 가졌다는 것을 알게 되었다.

어느 특별한 오후, 레이에게는 내가 품었던 것과 똑같은 바람, 즉 대학 진학이라는 소망이 솟구쳤다. 일단 그 꿈이 밖으로 나타나자, 어머니는 그의 눈 속에서 반짝이는 소망을 보고 기뻐하셨다.

"그렇지만 제가 어떻게 대학에 갈 수 있겠어요?"

소년이 물었다.

"제겐 저축한 돈도 없고, 아무 가망도 없는데요."

그러나 어머니는 레이에게는 꿈을 이루는 기도가 그의 대학 진학 문제뿐만 아니라 그의 생애를 완전히 새롭게 만들 수 있음을 알아차렸다.

"레이먼드, 당신이 받을 준비만 되어 있으면 하나님께서는 당신이 필요로 하는 것은 무엇이든 다 주실 준비를 갖추고 계셔요. 그리고 우리는 여전히 기회의 땅을 가지고 있지요. 레이먼드, 하늘이 그 경계선이에요! 거기에서 돈이란 당신의 모든 꿈, 당신이 기꺼이 그것을 위해 일하려고 하는 모든 꿈을 위해 있는 것이지요."

역시 가진 것이 거의 없던 목사의 아내로서 그것은 대담한 생각이었다. 그러나 어머니는 그것을 믿고 있었고 그것은 종종 사실로 증명되었다. 그리고 그러한 진리들이 레이에게 뿌리내렸다.

그가 어머니의 철학을 완전히 받아들인 날, 어머니는 그의 꿈을 이루기 위해 꿈을 드러내는 기도로 인도했다. 어머니가 나를 위해 기도한 것을 들은 뒤였기에 나는 레이를 위한 기도를 쉽게 상상할 수 있었다.

"하나님 아버지, 주님께서는 레이먼드에게 훌륭한 마음을 주셨습니다. 우리는 주님께서 그 마음을 발전시키기를 원하시며 레이먼드의 잠재력이 주님을 높이고 주님 세계의 한 부분을 밝히는 데 사용되기를 원하심을 믿습니다. 이 세상의 모든 부는 주님의 것이니, 레이먼드가 교육을 받는 데 필요한 모든 것을 발견하도록 도와주소서. 그리고 하나님 아버지, 우리는 주님께서 레이먼드를 위해 더 큰 계획을 가지고 계시리라 믿습니다. 그의 마음과 생각 속에, 대학을 마친 후에 그를 위한 주님의 계획을 반영하는 생생한 그림과 구체적인 꿈을 심어 주소서. 그리고 그 꿈 가운데 그에게 기쁨을 주소서. 커다란 기쁨을……."

주머니는 텅 비었지만 믿음으로 꿈을 지닌 채 레이먼드 토머스는 버스를 타고 대학으로 향했다. 여기서부터 펼쳐진 그의 생은 너무나 긴 역사가 된다. 그 가운데 어머니는 그가 공부를 시작할 수 있도록 돈을 빌려 줄 한 부인을 찾았고, 그에게 격려의 편지를 보냈으며 기도해 주었다. 그리고 레이는 책임감 있게 솔선해서 자신을 성장시켰다.

4년 동안 그는 돈은 물론 시간도 쪼개 쓰면서 열두 가지의 일을 했다. 많은 시간을 학교 강의와 공부로, 교회 일, 여가로 충실히 보냈다. 레이가 우등생으로 학사 학위를 받던 날, 어머니는 매우 행복해 하셨고 아주 자랑스러워 하셨다.

나는 제 2차 세계대전 이후, 그가 빈에 머물고 있다는 것은 알고 있었지만 직접 만나 본 적은 없었다. 그러던 1958년 어느 여름날, 나는 유럽으로 갈 예정이라고 레이에게 편지를 보냈다. 그리고 로마에서, 레이의 편지를 받았다.

"당신의 소식을 듣고 깜짝 놀랐습니다. 곧 레베란다 파브리카 디 산 피에트로의 사무실에서 당신에게 소식이 올 것입니다. 제가 연락해 두었습니다. 그들의 허락이 있어야만 로마에서 가장 놀라운 명소인 성 베드로 성당 대제단 밑에서 발굴된 16세기 무덤의 거리를 구경할 수 있답니다. 나는 2년 전에 그 곳을 구석구석 답사했습니다……."

그러고 나서 내가 피렌체에 있는 호텔에 머물렀을 때, 우체부가 레이로부터 온 또 하나의 편지를 전해 주었다.

"당신이 대성당의 지붕을 보실 때, 그것은 브루넬레스키가 14년 동안 세운 것임을 기억하십시오. 지난 겨울, 나는 지붕 꼭대기에서 가장 높은 오른쪽 발코니까지 올라가서 그 주위를 기어다녀 보았습니다……"

이제 나는 레이에 대한 호기심으로 가슴이 타고 있었다. 이 사람은 레디칼 언덕에 살던 소년의 피는 조금도 갖고 있지 않은 것 같았다. 분명히 그는 미국인으로서는 드물게 유럽을 잘 알고 있었다. 그리고 그의 편지 가운데 분명히 드러나 있는 추진력과 끈기 있는 열정이 내 호기심을 자극했다. 레이는 내가 가는 곳마다 계속 편지를 보내 주었다.

"나는 살비아티 유리 공장에서 일하는 한 친구에게 편지를 보내 당신을 위해 곤돌라를 보내달라고 부탁했습니다. 당신은 유리 그릇 만드는 과정을 보게 될 것입니다……."   _베네치아

"길이 험할 것입니다. 나는 그 근처에서 스키를 탔습니다……."
_바트 가쉬타인

빈에 도착하자, 레이는 꽃다발을 들고 나를 맞아 주었다.
"꽃과 음악은 빈의 일부지요. 여기서는 저녁 초대를 받아

도 언제나 그 집 주부에게 꽃을 가져 간답니다."

나중에 자허 토르테(살구잼을 넣어 만든 오스트리아의 초콜릿 케이크-역자 주)와 커피를 놓고 그는 내 질문에 대답하기 시작했다.

"내가 돈 한 푼 없이 당신의 집 현관 계단에 주저앉아 대학에 갈 꿈을 꾸고 또 그것을 이룰 수 있었던 것은, 내게 어떤 사실을 증명해 주었지요. 간단히 말하면, 당신 어머니가 하신 말씀 — 올바른 꿈은 무엇이나 이루어질 수 있다 — 이 사실이었다는 것이지요. 물질적인 자원도 꿈꾸는 사람이 시키는 대로 됩니다. 그리고 기도는 과연 그 꿈이 올바른 것인지를 알려주며 그것과 함께 꿈을 이룰 수 있는 능력을 줍니다."

그는 자신의 전쟁 경험을 이야기했다. 그는 어뢰 폭발자 가운데 보기 드문 생존자였다. 그리고 회복기에 자기의 남은 여생을 어떻게 꿈꾸고 있었는지를 이야기했다.

"평화시에 나는 내 조국을 위해 봉사할 수 있는 세계 시민이 되어 여행을 하며 여러 개의 언어를 습득하고 박사 학위를 받고 싶었습니다."

"꿈이 그토록 구체적인 것이 참 흥미롭군요."

내가 중간에 이야기했다.

레이는 커피잔을 들고 창 밖을 내다보며 생각에 잠겼다.

"구체적이지 못하면 꿈은 더 이상 나아가지 못할 것입니다. 꿈을 실현하는 능력의 많은 부분이 정신적인 것에서 시작되기 때문이지요. 당신에게 이루기 원하는 것이 있다면, 먼저 그 꿈을 정신적으로 구상하고 그리고 구체화시켜야만 합니다."

그러고 나서 레이는 그의 꿈이 얼마나 많이 실현되었는지를 간추려 이야기해 나갔다. 그는 60개국을 여행했고, 독일어를 마스터했기 때문에 빈 대학에서 의학 박사 학위를 받았다. 그는 또한 스페인어를 했고 불어와 이탈리아어, 네덜란드어와 스위스어도 상당 수준 구사할 줄 알았으며 러시아어도 약간 할 줄 알았다. 그는 지금 유럽에 있는 원자력 개발원에서 일하면서 조국을 위해 봉사하고 있다.

레이의 이야기는 건설적인 꿈과 기도와의 관계를 잘 설명해 준다. 왜냐하면 어떤 의미에서 그러한 꿈은 모두 기도이기 때문이다. 틀림없이 창조주의 뜻은, 각 개인 속에 심어 주신 욕망과 재능이 인식되어지는 것에 있다. 하나님께서는 최종적으로, 그분께서 우리 각자에게 그려 놓으신 위대한 인간을 완성하는 데 관심이 있으시다. 하나님은 우리가 하나님으로부터 우리를 위한 하나님의 비전을 잡아내기를 원하신다. 결국 이것이 기도가 뜻하는 바이다. 또한 그것은 우리를 위한 하나님의 놀랍고 선하신 계획을 천국에서 지상으로 가져오는 데에 있다. 이것은 하나님과 인간의 협력인 것이다.

안타깝게도 때로 우리는 우리를 향한 하나님의 비전을 올바로 깨닫지 못한다. 이는 자격지심에 빠져 꿈을 품는 것조차 두려워 하기 때문이다. 내가 이것을 처음 본 것은, 어린 시절 가난으로 몹시 고생했던 내 대학 친구를 통해서였다. 내가 도트라고 부르는 그 친구는 전문 분야에서 자기가 원하는 바를 실현할 수 없었다. 그러자 그녀는 공무원이 되겠다는 이상주의적인 생각을 가지고 워싱턴으로 왔다.

"나는 그저 아무 직업이나 갖고 싶지는 않아."

도트는 도착하자마자 내게 이렇게 설명했다.

"나는 하나님께서 내 삶에 대한 계획을 가지고 계시다는 생각으로 왔어. 다만 내가 아직 발견하지 못했을 뿐이야. 그러니 내가 직업 문제를 놓고 어떻게 기도하면 좋겠니?"

"어떤 직업이 네게 제일 큰 즐거움이 되겠니? 보통 그것이 직업을 정하는 데 있어 열쇠가 되지."

내 친구는 그저 멍해진 모습으로 머리를 흔들었다.

"네가 하고 싶은 일이 뭔지 생각해 본 적은 있니?"

내가 계속 물어 보았다.

"아니, 한 번도 생각해 본 적 없어."

이 친구가 건설적인 꿈을 꾸지 못했던 이유는, 경제적으로 어려웠던 시절에 남편을 잃고 홀로 남은 그녀의 어머니가 아주 조금 혹은 아무것도 바라지 않는 사람은 결코 실망하는 고통을 받지 않는다고 그녀에게 가르쳤기 때문이었다. 그러나 실제로 그것은 빈곤에 대한 훌륭한 훈련일 뿐 아무것도 아니었다. 슬프게도 나는 내 친구가 자기 재능의 극히 작은 조각만을 사용해, 기계적으로 서류를 정리하는 직업을 갖고 마는 것을 지켜보아야 했다.

나는 이제 그러한 상황에 대한 치료법을 알고 있다. 손상된 부분이 있는 무의식 영역은, 성령의 능력으로 치유할 수 있다. 성령께서는 우리와 함께 과거로 돌아가 모든 독성을 몰아내고 거친 길을 평평하게 하여 오랫동안 잊혀지고 자주 늦추어졌던 우리의 삶을 위한 그분의 계획을 이루실 수 있다. 우리 하나님께서는 그 계획을 향한 길로 승리의 개가를 부르며 오실 것이다.

사실 이와 같이 꿈과 기도가 조화를 이루는 것에는 아무 제한이 없다. 나는 여러 분야에서 놀랄 만한 결과를 보아 왔다. 즉 올바른 배우자, 올바른 직업, 이상적인 집 구하기, 혹은 자녀 양육이나 사업 추진 등에서 그러한 결과들을 보아 왔다.

몇 년 전, 올리베티의 멋진 타자기와 사무용품을 갖춘 아브레아 공장을 방문했을 때 올리베티가의 이야기가 내 주의를 끌었다. 아브레아는 이탈리아 서북쪽 알프스 산맥 카나베제 지방에 있다. 거기서 나는 54에이커(약 6만 6천평)의 풍경을 주의 깊게 보았다. 가까이에 직원들의 병원과 도서실이 있었으며, 엷고 아름다운 색깔의 아파트가 늘어서 있었다. 그 공장은 세계적으로 성공한 공장으로서 직원들의 이익과 복지 사업으로 유명하다. 그리고 나는 그 모든 것이 '꿈'의 결과임을 알고 황홀경에 빠지고 말았다.

수십 년 전 어느 가을날, 이탈리아에서 온 한 젊은 남자가

코네티컷주 하트퍼드에 있는 언더우드 공장 마당에 서서 붉은 벽돌 건물을 바라보고 있었다. 완전히 도취되어 있는 그 청년을 봤다면 좀 놀랐을 것이다. 왜냐하면 그가 그토록 몰두해 보고 있는 곳에는 아무렇게나 지은 붉은 벽돌 건물 외에는 특별한 것이 아무것도 없었기 때문이었다. 그 건물은 그저 뉴 잉글랜드의 다른 수천 개의 공장들과 마찬가지로 보였다.

그렇지만 청년 아드리아노 올리베티에게 그 낡은 건물은 일생의 꿈을 나타내는 것이었다. 그 당시 언더우드는 타자기 분야에서 가장 유명한 이름이었다. 언젠가는 그와 같은 회사를 소유할 것이며 올리베티라는 브랜드를 그와 같이 유명해지게 만들겠다고 그는 다짐했다. 자기 마음과 생각 속에 실제적인 건물을 새겨 둠으로써 그는 기도의 초점을 맞출 수 있는 상상의 건물을 지어내고 있었다.

34년 후, 아드리아노는 올리베티 주식회사의 대표로서 미국으로 돌아왔다. 그때 그는 이탈리아에 있는 동업자에게 기쁜 소식을 전화로 알렸다.

"지금 막 샀다네……."

그의 목소리는 감격하여 중단되었다.

"나는 언더우드 회사를 샀다네."

870만 달러가 방금 지불되었던 것이다. 낡은 미국 회사의 지배권을 획득하면서, 아드리아노 올리베티는 34년 전의 꿈이 성취되는 것을 보았다.

먹을 것이나 입을 것, 직업, 혹은 현대식으로 지어진 건물, 주차장 등 물질적인 필요를 위해 기도하기를 주저하기 때문에, 이러한 꿈을 이루는 기도에 대해서 소심한 사람들이 있다. 당연히 그들은 "하나님과의 영적인 원리를 이기저인 목적에 사용하려는 위험이 있지 않은가?"라고 묻는다.

모두가 대답해야 할 필요가 있는, 근거 있는 질문이다. 하지만 하나님께서는 우리의 간구에 물질적인 필요를 포함시킬 것을 말씀하신다. 그리스도는 인간의 영혼과 마찬가지로 인간의 육에도 확실한 관심을 보이셨다. 그리스도는 인간의 질병과 육체적인 배고픔에도 관심을 기울이셨다. 기독교는 전세계의 종교 가운데 거의 유일하게 물질적인 것 역시도 실제적이고 중요한 것으로 인식한다. 그리스도께서 실제의 십자가상에서 실제의 몸으로 돌아가실 만큼 실제적으로.

그리고 우리의 꿈이 하나님의 뜻보다는 이기적인 인간의 뜻에서 생긴 것인지도 모른다는 위험 때문에, 그것에 대한 테스트가 있다. 우리가 품은 그 꿈이 이 일련의 테스트를 통과했을 때에만, 그래서 우리가 기도하기 전에 우리 마음속의 바람이 하나님의 꿈이기도 함을 확신하게 될 때에만, 우리는 믿음을 가지고 담대하게 꿈을 이루어 줄 기도를 할 수 있는 것이다.

우리가 이 사실을 인식하든 하지 못하든 하나님의 법칙이 우주 속에 작용하고 있음을 인정하면서 시작해 보자. 우리는 그 법칙들을 무시해서는 안 되며 그 법칙에 협력해야만 한다. 예를 들면 다음과 같은 질문을 스스로 해보자.

- 내 꿈은 하나님께서 내 안에 심어 주신 재능과 기질, 감정적인 필요를 모두 채울 수 있는가? 이 질문은 자신의 진정한 인격을 먼저 알아야 하기 때문에 쉽게 대답할 수 있는 사람이 드물 것이다.

- 내 꿈을 이루기 위해 다른 사람에게 있는 어떤 사물이나 사람을 취해야 하는가? 그 꿈을 성취하면 다른 사람이 다치게 되지는 않는가? 만일 그렇다면 그 꿈은 당신을 위한 하나님의 꿈이 아님을 분명히 확신할 수 있다.

- 기꺼이 자신과 다른 사람들과의 모든 관계를 올바로 할 마음이 있는가? 내가 만약 원한이나 불평이나 자기 연민–어떻게 정당화하든지 상관없이–을 가지고 있다면, 그러한 잘못된 감정은 창조의 근원이신 하나님으로부터 나를 떨어지게 할 것이다. 더구나 어떤 꿈도 인간 관계가 없이는 성취될 수 없다. 잘못된 관계가 단 하나라도 남아있다면 능력의 통로는 차단될 것이다.

- 나는 그 꿈을 정말 온 마음을 다해 원하는가? 꿈이란 보통 나누어진 마음에서는 그 열매를 맺지 못한다. 온전한 마음만이 꿈을 이루는 데에 기여한다.

- 나는 기꺼이 하나님의 때를 기다리는가?

- 나는 큰 꿈을 꾸고 있는가? 꿈이 크면 클수록 유익하며, 하나님의 무한한 설계로부터 나온 것이기 쉽다.

만약 당신의 소원이 이와 같은 일련의 테스트를 통과할 수 있다면, 당신은 꿈을 이루는 기도의 마지막 단계로 나아갈 준비가 된 것이다! 당신의 꿈을 하나님의 손에 넘기고 하나님의 보호하심에 맡기라. 꿈은 씨앗처럼 어두운 땅 속에 심겨지고 거기서 싹이 날 시기를 기다려야 한다. 그러나 결코 우리가 수동적으로 있어서는 안 된다. 우리가 할 수 있고, 해야 할 일들이 있다. 비료를 주고, 물을 주고, 김을 매는 일, 즉 쉽지 않은 일들과 자기 훈련이 필요하다는 것이다.

그러나 그 씨가 어둠 속에서 아무도 모르게 싹이 돋아나 자라는 것은 하나님께서 추진하시는 부분이다. 우리는 그 과정을 확인하기 위해 검토하고 재보며 미리 꿈을 파보아서는 안 된다. 신뢰하고 기도하면서 기다리는 능력에 대해서는 다음 장에서 좀 더 자세히 살펴보겠다.

또 한편으로는 소망의 열매를 보기 훨씬 전, 사실상 하나님께서 주신 꿈이 심어지는 바로 그 순간에, 알 수 없는 행복이 우리 속으로 흘러 들어오게 된다. 그 순간 우주의 모든 자원들이 우리를 돕기 위해 풀린다는 생각이 든다. 그러면 우리의 기도는 하나님의 뜻과 하나가 되며 우리와 세계를 위한, 창조주의 한결같이 기쁘고 승리하는 목적을 이루는 수단이 된다.

꿈을 이루는 기도
제게 꿈을 주소서

하나님 아버지, 한때—지금부터 꽤 오래 전인 것 같습니다—저는 앞날에 너무나 많은 기대를 건 커다란 꿈을 가지고 있었습니다. 그러나 지금은 희미한 지평선도 세세 손짓하시지 않습니다. 저의 날들은 빛을 잃었습니다. 되풀이되는 일상 생활 속에서 지속되는 가치는 너무나 적습니다. 아버지여, 저의 삶을 위한 주님의 계획은 어디에 있습니까?

주님께서는 계시가 없으면 사람들이 타락한다고 말씀해 주셨습니다(잠 29:18). 그러므로 하늘에 계신 아버지여, 저는 제게 나타내 주실 주님의 뜻이 무엇인지를 확신 가운데 여쭈어 볼 수 있습니다(요일 5:14-15). 저는 주님께서 제 마음과 생각 속에 특별한 꿈, 주님께서 저의 삶을 위해 지니신 특별한 비전을 심어 주실 것을 간구합니다.

그리고 그 꿈과 함께 그 꿈이 성취되는 데 필요한 은혜와 인내 그리고 끈기를 제게 주시지 않겠습니까?

그 길에 예상치 못한 모험이 있을 수도 있다는 것을 압니다. 그러나 저는 주님을 신뢰하기에 어떤 길로 인도하실지라도 따라가기 원합니다.

제가 좋아하는 몇 가지 습관이 있습니다. 그러나 저는 제게 아늑한 보금자리처럼 보이는 그 생활 습관이, 주님께서 보시기에는 감옥일 수도 있음을 마음속 깊이 알고 있습니다. 주님, 만약 저의 소망의 별을 볼 수 있기 전에, 비전을 갖기 전에 제 감옥을 부수어야 한다면, 지금 그것을 시작하소서.

즐거운 기대를 품으며 예수님의 이름으로 기도합니다. 아멘.

4
기다리는 기도

"…때와 시기는 아버지께서 자기의 권한에 두셨으니
너희가 알 바 아니요"
행 1:7

    오래 전, 우연히 얼마 동안 사용하지 않았던 여기지기가 접혀 있는 낡은 성경을 넘기다가 작은 달걀 모양의 종잇조각들을 발견했다. 나는 그 종잇조각들을 기억하면서 미소를 지었다.

    아들 피터 존이 어렸을 때, 아들에 대해 염려가 가득한 전형적인 초보 어머니였던 시절, 우연히 글렌 클라크 박사가 쓴 "어떻게 하나"라는 언뜻 보기에 정말 어린애 같은 글을 보게 되었다. 자녀들을 위해 기도할 때 우리에게 필요한 것은, 시간이 지체되고 기도가 천천히 이루어지는 것을 기다리는 데 필요한 성숙함이라고 그는 말했다. 이것은 자연 현상에서 볼 수 있는 하나님의 법칙이라는 것이다. 예를 들면, 병아리가 부화되기까지 암탉은 알을 품고 참을성 있게 앉아 있어야만 한다.

부모들은 이것을 마음에 새겨 적어도 일주일에 하루 정도는 자녀를 위한 바람을 신중하게 정리해 보는 시간을 가져야 한다고 그는 제안했다. 종이에 그 바람들을 적고 나서 그것들에 대한 예수님의 마음을 간구하고, 우리가 그 특별한 아이를 위한 영적 소망과 꿈의 핵심에 다다를 때까지 미신적이고 이기적인 모든 것을 떨쳐 버리는 것이다.

그리고 나서 달걀 모양으로 자른 종잇조각 위에 기도의 형태로 그 소망들을 적어 놓으라고 클라크 박사는 말했다. 그런 후에 하나님 아버지께서 그분의 시간에 그분의 방법으로 소망들을 이루어 주실 것을 아뢴다. 응답이 늦게 올 수 있다는 사실을 인식하며 그 종잇조각들을 가장 좋아하는 성경 틈에 끼워 놓는다. 그것들을 하나님의 보호하심에 맡긴다는 표시로.

그때 나는 그 제안을 따르고는 마치 어린애처럼 보일까 두려워서 아무에게도 그것을 말하지 않았다. 그러나 지금은 그렇지 않다. 나는 그 작은 달걀 모양의 종잇조각들이 참으로 중요한 것을 의미한다고 생각한다. 왜냐하면 내가 그것들을 성경에서 발견했을 때 놀랍게도 사랑하시는 아버지께서 모든 요청을 하나하나 다 들어주셨다는 사실을 깨달았기 때문이다.

왜일까? 하나님께서 그토록 극적인 기도의 형태를 존중해서일까? 확실히 그것은 종잇조각을 특별한 모양으로 잘랐다든가 성경 자체에 어떤 힘이 있어서는 아니었다. 내가 그것을 곰곰이 생각해 볼 때, 그 비결은 기다림에 있었다. 성경의 방법을 따른다면 기다림 자체는 인간과 하나님 사이에 있어서 이상하지만 극적인 대화의 일종인 것처럼 보인다.

기다림이란 확실히 인간과 하나님의 관계를 설명하는 데 있어서 굉장히 큰 역할을 한다. 그것은 하나님의 능력은 실제적이며, 하나님께서는 우리의 간섭이나 조정 없이 우리 기도에 응답하실 수 있다는 사실을 가르치기 위해 하나님께서 종종 사용하시는 방법이다.

그러나 우리는 그 길 밖에서 우리의 뜻을 가지며, 우리 나름대로 계획한 시간을 고집한다는 데 문제가 있다. 우리는 마치 부서진 장난감을 고쳐 달라고 아버지에게 가져가는 어린아이와 같이 행동한다.[1] 아버지는 기쁘게 그 장난감을 받아서 일을 시작하신다. 그리고 조금 후, 어린아이 처럼 조바심이 나기 시작한다.

"왜 이렇게 오래 걸릴까?"

어린아이는 옆에서 아버지가 하는 일에 손을 대며 무의미한 참견을 하기도 하고 어떤 때는 오히려 어리석은 비판까지 늘어 놓는다. 결국, 조급함에 못 이겨 실망한 아이는 아버지의 손에서 장난감을 빼앗아 밖으로 나가서는 아버지가 그것을 정말로 고칠 수 있다고 생각하지는 않았다고 화를 내며 투덜댄다. 어쩌면 장난감을 고치는 것 자체가 "그분의 뜻"이 아닌지도 모르는 데 말이다.

그러나 신뢰를 가지고 "부서진 장난감"을 아버지 손에 맡

---

[1] 피터 마셜이 좋아하던 예화. 그는 이것을 다음 질문의 대답으로 사용했다. "하나님께서 내 기도에 응답하시는 것을 돕기 위해 나는 얼마나 도와야 할까?" Catherine Marshall, A Man Called Peter(New York : McGraw-Hill Book Company, 1951), pp. 180-181.

겨 둔다면, 우리는 결국 완벽하고 훌륭하게 고쳐진 장난감을 돌려 받을 뿐만 아니라 놀라운 선물까지 덤으로 받게 될 것이다.

신비주의자들이 주장하는 바와 같이 자기 노력이 그친 어두운 기다림의 기간 동안에는 놀랄 만한 영적 성장이 우리 속에서 일어난다고 한다. 그 후에 우리는 좀 더 많은 인내와, 주님과 주위 사람들에 대한 더 큰 사랑과, 주님의 음성을 잘 들을 수 있는 능력과, 더욱더 순종하려는 기쁜 마음을 갖게 된다.

천상의 농부께서 우리에게 포도나무 안에 있는 생명의 교훈을 가르쳐 주셨다. 영혼의 어두운 밤처럼 보이는 기다림 속에서 우리는 변치 않음의 위대한 비결을 배우고 있는 것이다. 변치 않음은 천국의 보물 창고를 여는 귀중한 열쇠이다(요 15:1-8).

영적인 것을 우리가 행하는 어떤 것이라고 생각하는 것은 우리의 인간적인 제약이다. 예수께서는 "그렇지 않다"고 말씀하신다.

"오히려 그것은 네 안에 있는 나의 생명이다."

가지가 자기 힘으로 열매를 맺기 위해 뻗으려는 노력은 할 필요가 없다. 가지는 가지의 자리에서 포도나무에 매달려 있으면서 생명을 주는 수액이 흐를 수 있게만 하면 된다. 그렇게만 하면 우리는 "많은 열매를 맺게 되는" 것이다.

예수께서는 또한 하나님 아버지의 때에 대해서 많은 말씀을 하셨다. 그것은 하나님께서 창조하신 모든 것에는 하나님께서 주신 때와 성장률이 있다는 원리이다.

"……처음에는 싹이요 다음에는 이삭이요 그다음에는 이삭에 충실한 곡식이라"(막 4:28).

"때가 찼고 하나님의 나라가 가까이 왔으니……"(막 1:15).

예수께서는 이렇게도 말씀하셨다. 몇몇 제자들이 예수님께 조급하게 행동하도록 종용했을 때, "내 때는 아직 이르지 아니하였거니와……"(요 7:6)라고 하셨고, 나중에 십자가의 그림자가 짙어졌을 때, "내 때가 가까이 왔으니……"(마 26:18)라고 하셨다.

언제나 그분의 때가 있었다. 우리는 우리 멋대로 서두름으로써 하나님의 계획을 우리가 정한 때에 강요하곤 한다.

하나님께는 모든 기도에 응답하시기 위한 "충만한 때"가 있다. 하나님께서는 우리 기도에 응답하시기 전에 우리 속에서 일어나야만 하는 변화를 아시기 때문이다. 그렇기 때문에 예수께서 "때와 시기는 아버지께서 자기의 권한에 두셨으니……"(행 1:7)라고 하셨던 것이다.

이와 같이 주님께서는 하나님의 가장 좋은 선물을 우리에게 계속 주시기 위한 도구로 바로 "기다림"을 사용하신 것 같다.

하나님께서는 이스라엘 민족들을 애굽의 노예 상태에서 해방시키시는 데에 몇 세대를 기다리도록 하셨다. 고집 센 자신들의 불순종 때문에 그들이 약속한 땅에 들어갈 준비가 되기까지는 40년이나 기다려야만 했다. 기다림은 유대인의 포로 생활 가운데 핵심적인 요소였다. 구약의 전체 내용은 "구세주 탄생의 때가 차기까지" 참을성 있게 기다리는 내용이다. 그리고 예수님의 승천 이후 다락방에 모인 사람들은 성령이 오시기까지 만 열흘을 기다려야 했다.

하나님의 어떤 약속도, 우리가 신뢰로 그분의 때를 기다리는 것을 기반으로 하고 있음에 의심의 여지가 없다.

"기다리는 자들에게……여호와는 선하시도다"(애 3:25).

"……여호와를 소망하는 자들은 땅을 차지하리로다"(시 37:9).

"오직 여호와를 앙망하는 자는 새 힘을 얻으리니 독수리가 날개치며 올라감 같을 것이요 달음박질하여도 곤비하지 아니하겠고 걸어가도 피곤하지 아니하리로다"(사 40:31).

"주 외에는 자기를 앙망하는 자를 위하여 이런 일을 행한 신을 옛부터 들은 자도 없고 귀로 들은 자도 없고 눈으로 본 자도 없었나이다"(사 64:4).

"우리가 선을 행하되 낙심하지 말지니 포기하지 아니하면 때가 이르매 거두리라"(갈 6:9).

기다림은 기도의 외적 행동인 것 같다. 기다림을 통해 발전되는 놀라운 믿음의 힘을 볼 때까지, 기다림은 내가 이해할 수 있는 것보다 더 자주 요구되며 훨씬 중요하다. 사실 기다림에는 꾸준히 신뢰하는 것, 기대하는 것, 또 인내의 모습 등의 우리가 하나님께서 주시기를 끊임없이 애원하는 모든 특성을 담고 있지 않는가?

주님께서는 내게 그저 잠자코 기다리라 말씀하신 적이 있었다. 비록 그 문제의 해답을 내가 이미 알고 있다 생각하더라도 말이다. 나는 아주 작은 영역에서조차 하나님의 때와, 또 다른 사람의 마음속에서의 그분의 행동을 기다려야만 했다. 그것은 평정을 이룬 기다림 가운데 있었던 깜짝 놀랄 만한 경험이었다.

나는 거의 2년 간 헬렌과 연락하지 못했다. 그래서 그녀의 남편 스티브가 젊은 여자 때문에 그녀를 버렸다는 내용의 전화는 더욱 충격적이었다. 그녀는 나와 만나 이야기하고 싶어 했다.

"캐서린, 내가 갈테니 만나줄 수 있겠니?"

"헬렌, 난 가정 상담가의 자격은 없어."

"그렇지만 나와 함께 기도는 해주겠지?"

그렇다. 나는 확실히 그렇게 할 수 있었고 그러리라 대답했다. 그녀를 위해 내가 그동안과는 조금 다른 방식의 기도를 하게 되리라고는 전혀 알지 못한 채 말이다.

마침내 헬렌이 플로리다주 보인턴 비치에 있는 우리 집 현관에 들어섰을 때 나는 그녀를 보고 가슴이 철렁했다. 그녀는 너무 많이 울어 엉망으로 눈이 퉁퉁 부어 있었고, 어수선하게 입은 옷들은 아무렇게나 대충 걸치고 나온 기색이 역력했다. 무엇보다 그녀는 너무 뚱뚱했고 아름다웠던 금발 머리는 마구 흐트러져 있었다.

거실 소파에 앉은 헬렌은 끝까지 자신을 비하하며 지나간 이야기를 시작했다. 헬렌 부부는 세 자녀를 두었지만 그녀의 남편 스티브는 아이를 더 갖기 원했다. 그러나 그녀는 그에게 제대로 된 대화 상대도 되어주지 못했고, 스티브는 집에 오면 텔레비전 앞에서 시간을 보냈다. 그녀의 남편은 몇 년 동안 그녀와 함께 외출 한 번 한 적이 없었지만, 그녀는 그것에도 별로 개의치 않고 지냈다. 헬렌은 스티브의 다른 여자가 누구인지 확실히 모르지만, 틀림없이 좀 더 자극적인 여자일 것이라고 생각했다.

헬렌이 계속 이야기하는 동안 나는 문제가 무엇인지 바로 알아차렸다. 많은 통찰력은 필요 없었다. 헬렌이 걸어 들어

오는 순간 그 사실을 외치고 있었던 것이다. 그녀는 혼자 서 있을 수도 없었다. 그리고 그것이 명백해진 순간 나는 무엇인가를 감지했다. 나는 아무 말도 하지 말아야 했다. 주님께서 내 마음속에 확실히 이야기해 주셨다. 나는 기다려야만 했다. 주님께서 친히 헬렌에게, 주님의 때에 주님의 방법대로 그것을 주실 때까지 나는 잠잠히 앉아 있어야만 했다.

헬렌은 두 시간 동안 이미 내가 알고 있는 것을 다른 방법으로 펼쳐 나가고 있었기 때문에, 내게 필요했던 자제력은 거의 믿을 수 없을 정도였다. 그러나 또 하나 믿을 수 없는 것은, 내가 주님께서 일하시는 것을 바라보며 느낀 기대감이었다. 주님께서는 그녀에게 시간, 즉 그녀가 자기 문제에 대해서 조리 있게 생각할 시간을 주시려는 특별한 목적 때문에 헬렌을 이곳에 보내셨던 것이다. 나는 단지 그녀로 하여금 생각의 단서를 얻게 하기 위해 그녀와 마주 앉은 것이다. 헬렌은 스스로 자기 이해에 도달할 필요가 있었고, 주님께서 헬렌을 아주 부드럽게 인도하시는 동안 내게도 초자연적인 인내를 주고 계셨다.

이 은혜와 함께 나는 기대에 차서 몸을 거의 앞으로 굽힌 채 두 시간을 보냈다. 그 시간은 이야기와 성경 말씀 읽기와 침묵과 경청으로 뒤섞여 있었다. 드디어 헬렌은 정원에 나가 잠시 혼자 있어도 좋겠느냐고 물었다.

다시 돌아온 그녀는 입을 열기 시작했다.

"캐서린, 예수께서 우리가 그분을 사랑하기 전에 우리를 사랑하셨다는 그 성경 말씀 말이야……. 요즈음 누군가 나를 사랑한다는 사실은 거의 믿기 어려웠어. 하지만 정원에서 이런 생각을 해보았어. 하나님께서 나를 한 인격체로 진정 사랑하신다는 사실을 믿는다면, 나도 나 자신을 역시 사랑하게 될 거라고……."

나는 감히 대답을 하지 못하고 고개만 끄덕였고 그녀는 말을 이었다.

"문득 내가 나 자신과 우리 가정을 그냥 되는 대로 내버려둔 것이 어떤 면에서는 하나님께 불명예스러운 일이었을 것이라는 생각이 들었단다. 난 내 몸무게는 생각지도 않고 언제나 텔레비전만 보며 잠자리도 꾸미지 않았거든……."

헬렌의 말을 듣고 있으면서 나는 하나님의 방법에 놀라움을 금치 못했다. 만일 내가 친구로서 그러한 사실들을 헬렌에게 충고했다면 그녀는 기분 상해 했든지 아니면 내 제안을 마지못해 받아들였을 것이다.

물론 이것이 헬렌의 결혼 문제를 하루 아침에 해결한 것은 아니었다. 몇 개월의 어려운 시간들이 지나갔다. 그러나 결과적으로, 헬렌은 자기 집과 자신을 깨끗이 다듬고, 원한을 쓸어 버렸으며, 분노를 가라앉히고 하나님께 자신이 소중한 사람임을 알게 되었으며, 결혼생활 역시 회복되었다. 일년 남짓 지난 뒤에 그녀로부터 온 장거리 전화를 통해 나는 놀라운 소식을 들었다.

"캐서린, 네가 궁금해 할 거라는 생각이 들었어. 스티브와 나는 재결합했어. 우리는 지금 두 번째 신혼여행 중이란다. 우리는 몇 시간씩 대화를 나누고 있어……."

그래서 성경은 기다림을 칭찬하고 있다. 그것은 내게 주님께서 우리 안에서 더욱 키우시고자 하는 자질을 요구하기 때문이기도 하다. 내게 그토록 필요했던 인내처럼 말이다. 그러나 또 다른 이유도 있다. 기다림은 역사한다. 그것은 한 목적을 이룩하려는 인간과 하나님의 연합이며, 그 목적은 언제나 부활의 이야기를 전한다.

나는 밀워키 출신의 패트 반즈의 말을 결코 잊지 못할 것이다. 패트 반즈는 자기가 만난 나이 많은 꽃장수가 가르쳐 준 "사흘"의 비결을 내게 이야기했다. 그가 보기에 그 꽃 파는 할머니는 언제나 기쁨이 넘쳤다. 그래서 그 할머니의 생애에는 문제가 별로 없었을 것이라고 생각했다. 그런데 그 예상은 빗나갔다. 그 할머니도 다른 이들만큼 삶의 어려움을 겪었다. 하지만 그 어려움 안에는 부활이 있음을 알고 있었다는 점이 그녀가 가진 기쁨의 비결이었다.

예수님께서 돌아가시던 그때, 모든 것이 어둠이었지만 사흘 뒤에는 부활의 날이 밝아오지 않았는가.

"그래서 저는 행복하답니다. 저는 비밀을 알아요. 문제가 올 때 하나님께서는 기회를 주시지요. 사흘을 기다리라는 기회 말이에요."

우리는 분명한 패배를 부활의 원리에 의지함으로써 승리로 바꿀 수 있다. 시간은 문자 그대로 사흘이 아닐 수도 있지만 원리는 언제나 같다. 성경의 원형(부활)은 수동적인 사건이 아니며, 기다림도 수동적인 기다림이 아니다. 그러나 여기에서도 염려나 "자기 스스로 해결하려는" 노력은 죽어야만

한다.

몇 년전 워싱턴에 있는 한 친구가 열 살 난 자기 아들을 위해 어떤 기도를 하고 있다며 내게 속마음을 털어 놓았다.

"나는 바비의 좋은 배우자를 위해 기도하기 시작했어. 나는 그의 장래 부인이 악으로부터 지켜지도록, 그녀가 육적으로 영적으로 알맞게 성장하도록 기도하고 있단다."

그것은 새로운 아이디어였다. 나는 바로 받아들여 실천에 옮겼다. 며칠 동안 매일 아침, 나는 경험을 통해 배운, 하나님께서 기뻐하시는 창조적인 기도를 드렸다. 나는 스스로 질문해 보았다.

"내 아들에게 꼭 맞는 소녀의 영과 정신과 마음은 어떤 특성을 지녔을까?"

나는 그녀의 머리 색이 금발인가 갈색인가에는 그다지 큰 관심이 없었다. 분명 내적 아름다움이 그녀의 외모에 드러날 테니까.

나는 매우 구체적으로 내가 꿈꾸는 소녀의 용모를 종이 위에 적었다. 가장 중요한 것으로, 그녀는 예수 그리스도를 개인적으로 만났으며 그분과 사랑에 빠져 있어야 한다. 그녀는 훌륭한 정신을 가졌을 것이며, 서로 지적인 자극을 줄 수 있는 충분한 교육을 받았을 것이다. 그녀는 자기 안에 있는 생명에 넘치는 기쁨과 유머 감각과 어떤 능력과 힘을 가졌을 것이다 등등.

  그런 뒤 초상화가 완성된 듯 싶은 어느 날 아침, 나는 그것을 주님께 드리고 거기에 어떤 흠이 있으면 고쳐 주시고 피터의 생애 속에서 주님의 때에 주님의 방법으로 이루어 주실 것을 부탁드렸다. 나는 언제나처럼, 아끼는 성경책 사이에 내가 꿈꾸는 소녀에 대한 사항을 넣어 둠으로써 농부가 씨를 심듯이 그것을 심었다.

  그 뒤 몇 년 동안 피터의 삶을 스쳐가는 소녀가 있을 때마다 그것을 다시 꺼내어 비교해 보지 않는 것은 몹시 힘들었다. 매력적인 소녀도 많았으나, 어떤 소녀는 받아들이기 어려웠다. 그러나 피터 존이 프린스턴 신학교에 다니던 도중 창조적인 기다림의 때는 끝이 났다. 그 소녀의 이름은 에디스였다.

  에디스와 피터가 약혼한 뒤에, 나는 때때로 그 쪽지를 읽을 때마다 놀라움을 금치 못했다. 거기 하나하나에 구체적으로 에디스가 있었다. 물론 언제나처럼 하나님께서는 몇 가지 훌륭한 추가 배당금을 더 넣어 주셨다. 그녀는 피터처럼 키가 컸다. 피터처럼 금발이었다. 요리 솜씨도 놀라웠다. 어떤 남자가 좋아하지 않을 수 있겠는가? 그녀는 몸도 건강했고 명랑한 생명력이 넘쳤다. 그리고 정원 손질과 수공예뿐 아니라, 피터가 즐기는 취미도 함께 즐겼다.

나는 바로 그녀를 사랑하게 되었고, 신비스럽고 성공적인, 기다리는 기도에 놀랍게 응답해 주신 하나님께 감사해 마지않았다.

기다리는 기도
제가 기다리는 동안

주 예수님, 주님은 제 입술에서 나오는 정직한 말을 원하십니다. 어쨌든 저의 모든 생각은 주님께 숨길 수 없습니다. 저는 하나님 아버지의 때에 대해서 당황하고 있습니다. 주님께서는 제가＿＿＿＿＿＿＿＿＿＿＿＿＿＿＿＿＿＿에 대해서 얼마나 오랫동안 기도하고 있으며, 응답에 대해 인내를 가지려고 얼마나 애쓰고 있는지를 아십니다. 그러나 주님, 왜 주님의 섭리는 그토록 천천히 움직이는지요?

저는 계절이 위엄 있게 순차적으로 오고가는 것을 압니다. 지구는 미리 결정된 리듬에 따라 그 지축을 중심으로 돌고 있습니다. 저의 기도로는 이런 것을 절대 변경시킬 수 없습니다. 저는 주님의 방법이 제 방법과 다르다는 것을 압니다. 주님의 때는 제 때와 다릅니다. 그러나 주님, 이렇게 세속적인 제가 어떻게 하면 영원과 보조를 맞추어 생각할 수 있을까요?

주님, 저는 가르침을 받기 원합니다. 주께서 제 기도를 들어 주시기 전에 제게서 보시고자 하는 것이나, 제하기 원하시는 것이나, 혹은 저의 태도에서 변화되어야 할 것이 있는지요? 주님께시 제게 말씀하시는 것을 볼 수 있는 눈과 그것을 들을 수 있는 귀를 주소서.

주 예수님, 오셔서 제 마음속에 거하소서. 기도의 응답이 제게 달려 있지 않음을 깨닫는 것이 얼마나 감사한 일인지요. 주님, 제가 주님 안에 조용히 거하고 주님의 생명이 제 속으로 흘러 들어올 때, 아버지께서 빈약한 저의 인내심이나 불충분한 저의 신뢰를 보시는 것이 아니라, 모든 것을 맡기신 주님의 인내와 주님의 신뢰를 보신다는 사실을 아는 것이 얼마나 자유로운지요.

주님의 믿음 안에서, 바로 지금 제가 상상할 수 있는 것보다 더 영광스럽게 제 기도에 응답해 주실 것으로 인해서 주님께 감사드립니다. 예수님의 이름으로 기도합니다. 아멘.

5
포기하는 기도

"…아빠 아버지여 아버지께는 모든 것이 가능하오니
이 잔을 내게서 옮기시옵소서
그러나 나의 원대로 마옵시고 아버지의 원대로 하옵소서"
막 14:36

대부분의 사람들처럼, 내가 처음 기도로 적극적인 훈련을 시작했을 때 나는 다음과 같은 의문에 휩싸였다.

"진지한 고뇌의 기도는 왜 어떤 이에게는 가능하고, 또 어떤 사람에게는 허락되지 않는 것인가?"

오늘도 나는 여전히 의문을 가지고 있다. 기도에 관한 신비는 언제나 지식보다 앞서 있다. 더욱더 훈련하라고 유혹하고 손짓하면서.

그러나 나는 한 가지를 알고 있다. 나는 그것을 어려운 경험을 통해 배웠다. 이 기도의 방법은 끊임없이 영광스러우며 늘 인간의 상상을 초월하는 능력이 함께하기 때문에 더욱 영광스러운 응답과 결과가 나타난다. 그것은 바로 포기하는 기도이다.

나는 1943년 가을에 처음으로 이것을 경험하였다. 나는 깊게 퍼진 폐병으로 6개월 동안 병석에 누워 있었고, 전문의들도 내 병세를 어찌할 수 없는 듯이 보였다. 내가 가진 모든 믿음으로 애타게 기도했지만 아무런 차도가 없었다. 나는 여전히 병석에 누워 있었다.

그러던 어느 날 오후, 조그만 책자 하나를 접하게 되었다. 그것은 병으로 8년 동안 누워 있던 한 선교사의 이야기였다. 그녀는 끊임없이 하나님께 자기를 낫게 해주셔서 하나님의 일을 할 수 있게 해달라고 기도했다. 그러나 응답이 없자 마침내 지친 그녀는 이렇게 기도했다.

"좋습니다. 저는 포기하겠습니다. 만약 주님께서 제가 병들어 있기를 원하신다면 그것은 주님이 알아서 하실 일입니다. 어쨌든 저는 저의 건강보다 주님을 더 원합니다. 주님이 결정해 주십시오."

2주 후 그 선교사는 완쾌되어 병석에서 일어났다.

내게는 그 선교사의 이야기가 어리석어 보였다. 그렇지만 내내 그 이야기가 잊혀지지 않았다.

9월 14일 아침—내가 어떻게 이 날짜를 잊을 수 있겠는가?—나도 마침내 비통한 결심을 하기에 이르렀다. 그리고 하나님께 이렇게 기도했다.

"저는 이제 주님께 회복을 구하기에 지쳤습니다. 저는 패배했고 끝났습니다. 하나님께서 제게 원하시는 바를 결정하여 주세요."

눈물이 흘러내렸다. 나는 아무것도 기대하지 않았고 내가 믿음이라고 이해했던 그 믿음 역시 하나도 없었다. 나는 병든 나 자신에 대해 진혀 감사하지 못했다.

그런데 그 결과는? 나는 마치 천국 문을 여는 단추를 누른 듯 했다. 천국의 발전기에서 능력이 흘러나오기 시작한 것처럼 몇 시간 안 되어 나는 모든 의심을 묻어 버리고, 내 삶에 혁명이 일어난 것같이 살아 계신 그리스도의 임재하심을 경험하게 되었다. 그 순간부터 내 병은 회복되기 시작했다.

이 사건과 뒤따르는 다른 사건들을 통해, 하나님께서는 내게 기도에 관해서 중요한 것을 가르쳐 주셨다. 차차 나는 자기 의지로 방향을 정해 요구하는 마음이 오히려 기도를 가로막는다는 사실을 알게 되었다. 그리고 그 이유가 하나님께서는 절대로 우리의 자유 의지를 거스르지 않으시기 때문임을 알았다. 그러므로 자기 의지가 자발적으로 포기하지 않는 한, 하나님께서는 기도에 응답하기 위해 움직이실 수조차 없는 것이다.

시간이 지나는 동안 나는 다른 사람들을 통해서, 그리고 동시대를 살던 사람들의 생애와 책을 통해서, 포기하는 기도에 관해서 좀 더 이해하게 되었다.

겟세마네 동산에서의 예수님의 기도가 좋은 본이 될 것이다. 그리스도께서는 십자가를 피할 수 있었다. 그분은 마지막 때에 예루살렘으로 올라가실 필요는 없었다. 그분은 제사장들과 타협하고 가야바와 협상할 수도 있었다. 그분은 지상 천국의 시작을 펼침으로써 자기를 따르는 자를 이용하고 유다를 무마시킬 수 있었다. 빌라도는 그분을 석방시키기 위해 그에 합당한 바른 말을 해달라고 예수께 부탁했다. 배반 당하던 날 밤의 동산에서도 도망갈 만한 시간적인 여유와 기회가 충분히 있었다. 그러나 그리스도께서는 자신의 자유 의지로 아버지의 결정에 맡기셨다. 필립이 번역한 복음서에 보면 예수님의 기도에 초점이 맞추어져 있다.

"사랑하는 아버지……. 주님께는 모든 것이 가능합니다. 저로 이 잔을 마시지 않게 하소서! 그렇지만 제가 원하는 대로 말고 주님이 원하시는 대로 해주소서"(막 14:36 참조).

기도는 인간인 예수님이 바라는 대로 응답되지 않았다. 그러나 그 이후로 예수님의 십자가로부터 능력이 흘러 나오고 있는 것이다.

십자가에 달려 돌아가시게 되는 무서운 현실이 임박하는 순간까지, 그리스도께서는 결코 하나님의 임재하심이나 능력을 잊지 않으셨다. 여기에 받아들임과 단념 사이의 결정적인 차이가 있는 것이다. 포기하는 기도에는 단념이란 없다. 단념은 이렇게 말한다.

"이것이 제 상황입니다. 저는 이제 그냥 단념하오니 알아서 해결해 주십시오."

단념이란, 하나님을 인정하지 않는 우주의 먼지 가운데 누워 최악의 경우를 다짐하는 것이다.

그러나 받아들임은 이렇게 말한다.

"진실로 이것이 이 순간의 제 상황입니다. 저는 절망하지 않고 그 현실을 바라보겠습니다. 그러나 저는 또한 사랑하시는 아버지께서 주시는 것은 무엇이나 기꺼이 받을 수 있도록 손을 내밀겠습니다."

이와 같이 받아들임은 결코 희망에 대해 문을 닫아 버리지 않는다.

그러나 이렇게 희망을 가지면서도 우리는 실제로 포기해야만 한다. 그리고 이러한 자아 포기는 인간이 해야만 하는 일 중에서 가장 어려운 일이다.

아름다운 사라는 약혼에 대해 회의하고 있었다.

"저는 젭을 사랑해요. 젭도 저를 사랑하고요. 그러나 문제는 그가 술을 마신다는 거예요. 그는 알콜 중독자는 아니지만 술을 마신다는 것은 생각이 복잡한 사람임을 상징하지요. 이 문제가 계속 저를 괴롭히고 있어요. 마치 하나님께서 제게 젭을 포기하라고 말씀하시는 것이 아닌가 하는 생각이

들어요."

 나와 이야기하면서, 사라는 스스로 결론에 도달했다. 그것은 그녀가 만약 자기가 알고 있는 가장 높고 가장 좋은 것을 따르지 않는다면, 그녀는 무한한 가치가 있는 것을 잃게 되리라는 사실이었다. 그녀는 눈물을 글썽이며 말했다.

 "파혼하겠어요. 만약 하나님께서 제가 젭과 결혼하는 것을 원하신다면 사태를 변화시켜 주실 거예요. 술 마시는 것을 비롯한 모든 문제에 대해서요."

 그러고 나서 그녀는 즉시 솔직하고 단호한 자기의 결정을 하나님께 아뢰었다. 그녀는 자기의 깨어진 꿈과 자기가 알지 못하는 미래를 하나님 손에 맡겼다.

 젭의 이상과 생각들은 변하지 않았고 사라는 그와 결혼하지 않았다. 그리고 1년이 지난 후, 사라는 내게 황홀한 내용의 편지를 보냈다.

 "젭을 포기하는 일로 저는 거의 죽을 것만 같았습니다. 그렇지만 하나님께서는 그가 나에게 적합한 사람이 아님을 아셨습니다. 최근에 저는 어떤 한 사람을 만났고 우리는 결혼하려고 합니다. 오늘 저는 정말 하나님을 의뢰하는 지혜와 기쁨에 대해서 애기하고 싶습니다……."

만약 양이 인도를 따르지 않고 계속 앞장서려 하거나 곁길로 가려고 한다면, 목자이신 주님께서도 양을 온전히 인도할 수 없다는 사실을 기억해 두는 것이 좋다. 이것이 바로 그리스도께서 실제적인 순종을 고집하시는 이유이다.

"너희는 나를 불러 주여 주여 하면서도 어찌하여 내가 말하는 것을 행하지 아니하느냐"(눅 6:46).

순종하라……순종……신뢰……가 복음 전체에 펼쳐져 있다. 순종하는 유순한 마음이 우리의 뜻을 세우는 데서부터 행동에 이르기까지 완성되어야만 한다.

우리가 다시 이 문제로 돌아와서, 우리 앞에 펼쳐지는 많은 삶의 사건들에 우리의 이해 여부를 떠나, 아니 심지어 사탄이 그 사건의 문제를 만들고 있다고 여겨지는 순간에도 자기 의지를 포기한다면 우리가 실제적인 순종을 할 수 있지 않겠는가? 그렇기 때문에 응답받는 기도의 비결이 바로 포기하는 법칙에 있다는 사실에 놀랄 필요가 없다.

미국의 유명한 작가 나다니엘 호손의 부인은 1860년 2월 어느 날 로마에서 기도로 씨름하면서 이 사실을 발견했다. 당시 호손의 맏딸 우나는 악성 말라리아로 죽어가고 있었다. 주치의 프랑코 박사는 그날 오후, 만약 열이 다음날 아침이 되기 전에 떨어지지 않는다면 우나가 목숨을 잃을 것이라고 경고했다.

우나의 침대 옆에 앉아 있을 때, 호손 부인은 옆방에 있는 남편과 그날 아침 일찍 나눈 대화가 생각났다.

"나는 희망과 두려움이 교차하는 것을 견딜 수 없소. 그래서 전혀 희망을 갖지 않기로 결정했소."

그러나 어머니는 나다니엘의 절망을 함께 나눌 수가 없었다. 우나는 죽을 수 없다. 죽어서는 안 된다. 그 딸은 아버지를 가장 많이 닮았으며 호손의 아이들 중에서 가장 마음씨가 곱고 좋은 성품을 지니고 있었다. 마치 변덕쟁이처럼 하나님의 섭리는 왜 우리에게 그 아이를 포기하라고 요구하신단 말인가?

게다가 우나는 며칠 동안 헛소리를 하며 아무도 알아보지 못했다. 그녀가 오늘 밤 죽는다면, 작별의 인사조차 할 수 없는 것이다.

밤은 깊어 가는데 소녀는 여전히 가만히 누워 있어서 마치 죽음의 대기실에 있는 것처럼 보였다. 어머니는 창가로 가서 광장을 내다보았다. 달빛도 없었다. 어둡고 고요한 하늘에는 구름이 무겁게 깔려 있었다.

"나는 우나를 잃고는 견딜 수 없어, 견딜 수 없어."

그때 갑자기 예기치 않았던 또 다른 생각이 떠올랐다.

"내가 왜 하나님의 선하심을 의심해야 한담! 만약 하나님께서 가장 좋은 것을 아신다면……. 우나를 그분께 데려가도록 하자. 그 이상으로 나는 하나님께 우나를 드릴 수 있다. 주님, 저는 우나를 주님께 드립니다. 저는 더 이상 주님과 싸우지 않겠습니다……."

그러자 참으로 이상한 일이 일어났다. 그렇게 큰 희생을 치르면서 호손 부인은 더욱 슬퍼지리라고 예상했다. 그런데 의외로 그녀는 우나의 오랜 병이 시작된 이래, 그 어느 때보다 경쾌하고 행복해졌다.

몇 분 후 그녀는 소녀의 침대 곁으로 가서 이마를 만져 보았다. 이마는 축축하고 서늘했다. 우나의 맥박은 느리고 규

칙적이었다. 우나는 편안하게 잠자고 있었다. 그리고 어머니는 기적이 일어났다는 것을 알리려고 남편이 있는 옆방으로 달려갔다.

이러한 기도 응답이 우나에게만 있었던 것은 아니다. 호손의 이야기를 읽은 후 몇 년 동안 나는 이와 비슷한 놀랄 만한 이야기를 계속 들었다. 다음은 어떤 친한 사람이 편지로 내게 알린 사실이다.

"……3년 전에 아들이 태어났습니다. 처음에는 정상적인 건강한 아이처럼 보였습니다. 그러나 겨우 열두 시간 후 아이를 처음 품에 안았을 때, 아이는 경련을 일으켰습니다. 그 다음 며칠 동안 계속 경련이 일어났습니다.
의사는 생명을 유지시키려면 뇌수술을 해야만 한다고 했습니다. 그러나 저는 더욱 두려워졌습니다. 만약 그 아이가 산다면 눈이 멀게 된다든지, 듣지 못하게 되거나 말을 못하게 되고 혹은 다리를 절게 되거나 아니면 정신 이상을 가져올지도 모른다는 것이었습니다.
그때부터, 그렇게 심한 외로움을 느껴 본 적이 없었습니다. 간절히 기도했지만 하나님께서 더 이상 저를 돌보지 않으시는 것 같았습니다. 왜 이런 일이 제 아이에게 일어나는 것입니까?
제 기도는 기도가 아니라 비난이었음을 압니다. 저는 하나님께 제 아이를 고쳐달라고 요구했습니다.

몸과 영혼이 지칠 때로 지치고 나서야, 저는 하나님께 명령하던 것을 멈추고 그분께 완전히 내어 맡겼습니다. 저는 단지 이렇게 말씀드렸을 뿐이었습니다.
'만약 주님이 원하신다면 저 아이를 데려가십시오. 주님이 결정하신 것은 무엇이나 제게는 괜찮습니다. 주님이 저 아이를 걷지 못하게 만드시거나 정신이 온전하지 못한 아이로 만들기 원하신다면, 저는 그저 그 사실을 받아들이고 그렇게 사는 법을 배우겠습니다.'
저는 저 자신을 하나님 손에 완전히 맡겼습니다.
그 순간부터 제 아들 래리가 좋아졌을 뿐만 아니라, 눈물과 두려움이 사라졌습니다. 설명할 수 없는 평안이 제 마음속에 넘쳤고, 저는 래리가 그저 살아났을 뿐만 아니라 정상적이고 유익한 생을 살 것이라는 사실을 알았습니다……
이제 제 얘기는 거의 끝났습니다. 래리는 정상적이고 건강한 소년입니다. 그 아이는 매우 영리하며 만약 지금보다 조금 더 활발하다고 상상한다면, 차라리 그 애가 절름발이가 되기를 바랐을 정도랍니다……"

 래리와 우나의 이야기는 분명히 공통점이 있다. 두 경우 모두 어머니가 결사적으로 원하는 것이 있었는데 바로 아이의 생명과 건강이었다. 두 어머니는 다 하나님께 자기 기도를 들어 달라고 사실상 명령하고 있었다. 자기의 필요를 움켜쥔 일방적인 기도에는, 하나님께서 멀리서 지켜보실 뿐

접근하지 못하신다. 하지만 몸과 영혼이 지친데다 열매 없는 요구의 기도가 혼합되자, 기도하던 사람은 가장 두려워하는 일이 일어날 가능성 때문에 요구를 포기해 버리고 말았다. 그 순간 전환점이 왔다. 갑자기 묘하게 두려움이 사라졌다. 평안이 마음속으로 스며들었으며, 외적인 상황과는 아무 상관없이 가벼운 마음과 기쁨이 뒤따랐다. 그 순간부터 기도가 응답되기 시작했다!

"이 포기하는 기도에 은근히 나타나 있는 비밀이나 영적인 법칙은 무엇인가?"

여기 그 일부가 있다. 우리는 두려움은, 하나님과 우리 사이에 쳐져 있는 막과 같아서 하나님의 능력이 우리에게 도달할 수 없게 한다는 사실을 알고 있다. 그렇다면 두려움을 어떻게 제거할 수 있을까?

사랑하는 사람의 생명이 경각에 달려 있거나, 세상에서 가장 원하는 것이 포함되어 있을 때에는 참으로 두려움을 없애기가 쉽지 않다. 이런 때에는 모든 감정과 열정이 일어날지도 모르는 일에 대한 두려움으로 묶여 있다. 분명히, 강력한 처방만이 문제에 수반되는 거대한 두려움과 일방적인 간구를 다룰 수 있다. 내 경험으로 볼 때 계속 믿음을 확인하는 것으로는 충분한 효력을 발휘하지 못한다.

그러니까 이제 우리는 포기하는 법을 정면으로 마주 대하고 있는 것이다. 예수님은 이것을 어떻게 사용해야 하는지를 우리에게 분명하게 보여 주셨다.

"악한 자를 대적하지 말라" (마 5:39).

당신이 예상한 그 무시무시한 결과에서 도망치며 그것을 부인하는 것을 멈추어라. 당신이 가장 두려워하는 일이 일어날 가능성을 정면으로 바라보라. 어쩌면 이것은 신뢰와는 정반대인 것처럼 보일 수도 있다. 그래서 우리는 이렇게 항의할지도 모른다.

"주님! 주님께서 우리에게 믿음을 가지고 기도하라고 말씀하지 않으셨습니까? 저는 혼란스럽습니다. 포기란, 우리가 어떤 구체적인 것에 대한 기도에 결코 확신할 수 없다는 뜻 아닙니까? 그렇다면 주님, 어떻게 그것이 믿음이 될 수 있습니까?"

예수께서는 우리가 알려고 하는 모든 것에 대해 만족스럽게, 언제나 참을성 있게 똑같은 대답을 해주신다.

"내게 순종하라. 그러고 나면 너는 알게 될 것이고 이해하게 될 것이다."

그래서 우리는 순종이라는 어려운 첫걸음을 내딛는 것이다. 그러고 나서 보라. 우리가 우리 눈을 가리는 것을 멈추고 두려움으로 곧장 걸어나가 정면으로 그것을 바라볼 때―하나님과 하나님의 능력이 여전히 더할 수 없이 높음을 잊지 않은 채―두려움은 물거품처럼 사라져 버린다. 효력이 있느냐고? 있다. 이것은 기도의 능력이 인간의 사건에 반영되는 하나의 확실한 방법이다.

때때로 영광스럽게 응답되는 기도의 이적들은 바로 이 시점에서 일어난다. 선한 목자께서는 우리를 포기로부터 앎으로 계속 인도해 주신다. 이 앎은 긍정적으로 생각하려고 애쓰는 것이나 반복하는 것과는 다르다. 그것은 결코 우리의 행위가 아니다. 바로 하나님의 선물이다(엡 2:8; 고전 12:9).

때때로 믿음의 은사는 인쇄된 종이나 우리의 기억, 또는 마음에 불을 붙인 성경 구절을 통해 주어진다. 혹은 우리 상황에서 어떤 일이 일어날 것인가에 대해 주님께서 직접 전해주신 내적인 말씀, 즉 일종의 자기 확신 뒤에 그 앎이 올 수도 있다. 또는 하나님께서는 사라의 경우처럼 우리가 구하는 것을 주시지 않겠다고 말씀하실 수도 있다. 우리가 일어날 수도 있는 사건을 직면할 때까지는, 확실히 포기하는 기도를 진심으로 하지 않은 것이다.

사랑의 아버지께서 우리의 소원을 허락하실 때마다 외적인 환경에 말씀이 나타나며 기적이 일어난다. 우리는 포기와 믿음이 모순되지 않음을 이해한다. 포기하는 기도는 자기가 어린아이라는 사실에 반항하지 않고, 그 손을 아버지의 크고 보호해 주시는 손에 놓은 채, 하나님 아버지께서 어둠 속에서도 우리를 인도하실 것을 신뢰하는 것이다.

믿음의 기도를 할 때 우리의 손은 여전히 아버지의 손에 잡혀 있다. 우리 마음은 여전히 순종하고 있다. 이제 그분은 손을 꽉 쥐어 우리를 안심시키면서, 무서워 놀라고 있던 어둠에서 햇빛으로 인도해 주신다. 우리는 우리 옆에 계신 얼굴을 들여다보며 그분이 누구신지를 알아보고는 깊은 감동을 느낀다. 그 아버지의 손은 예수님의 손인 것이다. 처음부터 우리 마음은 그렇다는 것을 알고 있었다.

포기? 믿음? 그저 예수님만 감히 의지하는 것 뿐이다.

기다리는 기도
이것을 주님께 맡깁니다

하나님 아버지, 오랫동안 저는 주님께 마음속 깊은 욕망, _____을 간구해 왔습니다. 그렇지만 제가 주님께 도움을 호소하면 할수록 주님은 더 밀리 계신 것 같았습니다.

제가 이 문제에 있어서 그저 일방적으로 간구했음을 자백합니다. 저는 주님께 제 기도가 응답될 수 있는 방법을 제안하려고 애썼습니다. 수치스럽게도 저는 주님과 흥정을 했습니다. 그러나 저는 창조주이신 주님을 조정하려는 것은 너무나 어리석은 일임을 알고 있습니다. 제 영혼이 너무나 아프고 지친 것은 하나도 이상할 것이 없습니다.

하나님 아버지, 저는 주님을 의뢰하기 원합니다. 제 영혼은 다음과 같은 진실들이, 제가 비록 느끼지 못할 때라도 영원히 신뢰할 만한 가치가 있음을 알고 있습니다.

주님이 거기 계신 것. 주님은 "보라, 내가 항상 너와 함께하리라"고 하셨습니다(마 28:20).

주님이 저를 사랑하시는 것. 주님은 "내가 영원한 사랑으로 너를 사랑한다"고 말씀하셨습니다(렘 31:3).

주님만이 제게 가장 좋은 것이 무엇인가를 알고 계시는 것. 주님 안에 "지혜와 지식의 모든 보화가 감추어 있기" 때문입니다(골 2:3).

어쩌면 처음부터 주님께서는 저 자신의 노력을 포기하기를 기다리셨는지도 모릅니다. 결국 저는 제가 원하는 _____보다도 제 생활 속에 주님이 계실 것을 더욱 원합니다. 그러므로 지금, 의지의 행위로 저는 이것을 주님께 맡깁니다. 그것이 어떤 것이든지 저는 주님의 뜻을 받아들이겠습니다. 제가 항의하고 싶을 때조차, 그런 의지와 행위를 진정한 인격의 결정으로 받아 주시는 것을 주님께 감사드립니다. 주님께서 이 결정에 진실하도록 저를 붙들어 주시기를 간구합니다. 주 하나님, 홀로 경배받으시기에 합당하신 주님께 저는 무릎을 꿇고 이것 역시 "합력하여 선을 이룰"(롬 8:28) 것을 감사드립니다. 예수님의 이름으로 기도합니다. 아멘.

6
은밀한 기도

"너는 기도할 때에 네 골방에 들어가 문을 닫고
은밀한 중에 계신 네 아버지께 기도하라
은밀한 중에 보시는 네 아버지께서 갚으시리라"
마 6:6

1960년 여름, 로미에 있는 시스티나 성당을 처음 가 보았을 때, 미켈란젤로의 일하는 습관에 관해 흥미 있는 점을 배웠다. 그 위대한 피렌체 사람은 성당의 둥근 천장에 그림을 그리던 4년 동안, 주로 문을 잠근 격리된 방에서 보냈다고 한다. 미켈란젤로는 아주 젊었을 때부터 은밀함이 없이는 완전한 작업이 불가능함을 깨달았을 것이다.

이 사실을 안 후 나는 은밀함의 능력을 다시 한 번 떠올려 보게 되었다. 내가 그 효력을 경험한 때는 바로 나의 첫 책이었던 『피터라는 사나이』[1]와 관련되어 있다. 전체적인 윤곽을 출판사로부터 승인받고 난 뒤에 나는, 그 책이 완성될 때까지는 그 작업을 될 수 있는 대로 비밀리에 해야겠다고 본능적으로 생각했다.

지금 뒤돌아 보면, 은밀함이 필요한 이유가 적어도 두 가지가 있었음을 알 수 있다. 글을 쓰는 데 필요한 창조력은 정말 섬세한 식물과 같음을 나는 알고 있었다. 그것은 쉽게 시들 수도 있었고, 또한 비건설적인 비판이나 실망 아래서 죽어 버릴 수도 있었다. 나는 또한 다른 사람들의 의견이, 내 의견에 구름을 드리울 수도 있고 글을 쓰는 일에 뒤따라야만 하는 가장 내적인 확신을 무디게 하고 혼동시킬 수도 있다고 생각했다. 많은 작가들이, 자기가 쓸 수필이나 책으로 낼 아이디어를 너무 빨리 다른 사람과 나눈 나머지 그 아이디어를 종이 위에 옮기는 자신의 능력이 급격하게 축소되는 것을 발견하곤 한다.

예를 들면, 헤밍웨이는 『태양은 다시 떠오른다』는 작품의 원고

---

[1] Catherine Marshall, A Man called Peter(New York : McGraw-Hill Book Company, 1951)

작업을 하는 동안 그가 겪었던 어려움을 이야기한 바 있다. 그 장면의 배경은 오스트리아 알프스에 있는 슈룬스 마을이었다. 어느 겨울 저녁, 난롯가에 둘러앉아 있을 때 헤밍웨이는 자기 소설의 일부를 큰소리로 읽는 실수를 저질렀다. 그에게 닥친 위험은, 부정적인 비판이 아니라 오히려 너무나 많은 생각없는 찬사로 인해 자신의 비판적인 판단이 무디어진 것이었다. 그는 그것을 『파리는 날마다 축제』에서 묘사하였다.[2]

> "그들이 '어니스트, 그것 참 굉장해, 정말 굉장해'라고 말했을 때······ '만약 그들이······그것을 좋아한다면 거기에 무슨 잘못이 있을까' 라고 생각하는 대신 나는 기쁨으로 떨었다. 내가 만일 전문가로서의 역할을 다했더라면 그에 대해 비판적으로 생각했을 텐데. 그리고 나는 그것을 그들에게 결코 읽어 주시 않았을 텐네."

우리의 창조적인 기도 영역에 있어서도 마찬가지로 그것을 깨달은 것은, 예술에 있어서의 은밀함의 능력을 깨달은 뒤였다. 산상수훈에서 예수께서는 은밀함 속에 있는 신비로운 영적 능력을 드러내고 계신다.

---

2) Ernest Hemingway, A Moveable Feast (New York : Charles Scribner's Sons, 1964 『파리는 날마다 축제』 이숲 역간), p. 209.

"너는 구제할 때에 오른손이 하는 것을 왼손이 모르게 하여 네 구제함을 은밀하게 하라 은밀한 중에 보시는 너의 아버지가 갚으시리라"(마 6:3-4).

자선이나 선행에 덧붙여서 예수께서는 다른 두 영역, 즉 기도(마 6:5-6)와 금식(마 6:16-18)과 같은 영적 훈련에도 특별히 이 원리를 적용하셨다.

이 말씀을 문자 그대로 받아들인 사람은 조지 뮬러였다. 그 결과 전세계를 놀라게 한 기도의 능력의 이야기가 탄생되었다. 19세기 당시 영국에는 집 없이 떠도는 어린이들을 위한 시설이 거의 없었다. 그러나 실용적인 경영자 정신을 지닌 독일인 뮬러는 영국에 그들을 위한 고아원을 설립해야겠다는 확신에 사로잡혔다. 특히 그의 이러한 사업 배경에서 놀라운 사실은, 그가 이 계획을 추진하기 위하여 자금을 마련했던 방법이 은밀한 기도였다는 것이다. 그의 동역자들은 그가 몇 가지 구체적인 사실을 밝혔을 때 간담이 서늘해졌다. 그 놀라운 사실들은 아래와 같다.

- 어떤 자금도 직접 달라고 해서는 안 된다. 기부금을 받는 방법은 오직 기도 한 가지뿐이다. 어떤 동역자도 구체적인 필요에 관한 정보를 외부에 말할 수 없다.

- 헌금한 사람의 명단 역시 비밀에 붙인다. 그들에게는 개인적으로 감사의 인사를 드린다. 이 기관을 선전하기 위해 어떤 유명한 사람의 이름도 사용하지 않는다.

- 이렇게 겉으로 보기에 가망 없는 조건에도 불구하고 빚은 조금도 지지 않는다. 모든 거래는 반드시 현금으로 한다.

그러고 나서 조지 뮬러는 매일 기도하기 위해 한 시간씩을 따로 떼어 놓았다. 스위스 시계처럼 정확하게 조지는 정해진 시간에 자기 방으로 들어갔다. 그는 무릎을 꿇고 하나님께 자기 일과 고아들의 필요와 사역을 위한 자기의 소원과 소망과 꿈을 쏟아 놓으며, 자신과 주님과의 만남에 전력을 기울일 수 있었다. 일주일에 한 번, 그는 모든 동역자들과 기도회를 가졌다. 역시 잠겨진 문 뒤에서.

뮬러가 취한 태도에는 도저히 저항할 수 없는 도전이 있었기 때문에 그가 그토록 공개하기 싫어했음에도 불구하고, 그 소식은 퍼져 나갔고 많은 기부금이 모금되었다. 전셋집 한

채와 일꾼 두 명 그리고 43명의 어린이로 시작한 고아원이, 얼마 뒤에는 다섯 채의 새 건물과 110명의 일꾼과 2,050명을 수용할 수 있는 곳으로 확장되었다. 그의 생전에, 모두 121,000명의 고아들이 침식과 교육을 제공 받았다. 그리고 150만 파운드의 돈(약 21억원)이 관리되었다(뮬러는 모든 거래를 세심하게 기록해 두었다). 이 일은 아직도 믿음의 기념비가 되고 있다. 그리고 그 중심에는 은밀한 기도가 있었다.

우리는 복음서에 나오는 이야기를 통해, 예수님과 함께 걷노라면 예수님 자신이 그러한 원리 하에 행동하셨음을 발견하게 된다. 한 가지 예를 들면, 예수께서는 한 나병 환자를 고치시고 나서 이렇게 말씀하셨다.

"곧 보내시며 엄히 경고하사 이르시되 삼가 아무에게 아무 말도 하지 말고……" (막 1:43-44).

또한 예수께서 야이로의 12살 난 딸을 일으키셨을 때 그 아이의 소생은 그의 부모에게 "놀라운 기쁨을 주었다"는 사실을 우리는 성경을 통해 알 수 있다. 그러나 예수께서는 이 일을 "아무도 알지 못하게 하라고 그들을 많이 경계······"(막 5:42-43)하셨다.

두세 사람 혹은 작은 그룹으로 모여 기도하는 것도 은밀한 기도가 될 수 있다. 예수께서 야이로의 딸을 일으키셨을 때 그 방에는 7명 – 소녀와 소녀의 부모, 베드로, 야고보, 요한 그리고 예수님 – 이나 같이 있었다. 그렇지만 예수께서 함께 하신 이 경험을 비추어 볼 때, 만약 그 기도의 방 밖에서 그 일에 관해 떠벌리지 않는다면 그 기도에 특별한 능력이 주어진다고 말씀하시는 것 같다.

내가 처음 그리스도의 사역에 관한 이러한 사건들을 읽었을 때, 나는 예수께서 열광적인 군중들과 맞서지 못할까봐 혹은 그것이 예수님의 때가 차기 전에 십자가로 가는 길로 몰아내게 될까봐 그렇게 하셨다고 생각했었다. 그러나 그보다 좀 더 중대한 이유가 개입되어 있다고 생각한다. 믿지 않는 자들의 반응에 그 경험을 드러내 보인다면, 기도에 대한 응답이 축소되고 심지어는 무효화될 수 있기 때문이다. 예수께서 고향 나사렛으로 돌아가셨을 때, 고향 사람들은 예수님을 단순히 그 지방 목수의 아들로 생각했고, 우리는 다음과 같은 말을 듣는다.

"그들이 믿지 않음으로 말미암아 거기서 많은 능력을 행하지 아니 하시니라"(마 13:58).

이것이 그리스도에게도 일어났는데 하물며 우리들에게는 얼마나 더 쉽게 일어나겠는가!

예수께서는 은밀히 혼자 기도하기를 얼마나 좋아하셨던가! 예수께서는 "하루가 시작되기 훨씬 전에" 일어나셔서 산이나 다른 어떤 한적한 장소에 가시는 습관을 가지고 계셨다. 아마도 작고 조밀한 팔레스타인식 집 때문에, 기도하기 위한 은밀하고도 외딴 곳을 더욱 찾으셨던 것 같다. 중대한 결정-열두 제자를 선택하는 것 같은-을 하기 전에 예수께서는 혼자 밤새도록 기도하곤 하셨다. 그리고 예수님의 공생애 초기로 돌아가보면, 예수께서 40일 주야를 광야에서 은둔하시며 전심을 다한 기도를 하셨음을 알 수 있다. 예수께서는 능력이 필요함을 아셨고, 은밀함 속에서 그 능력을 발견하셨다.

예수께서 우리에게 은밀히 기도하라고 지시하신 데에는 또 다른 이유가 있다. 기도의 진정한 능력은, 사람의 영이 하나님의 영과 직면할 때에만 흘러나온다. 예배에서처럼 기도에서도 그렇다.

> "하나님은 영이시니 예배하는 자가 영과 진리로 예배할지니라"(요 4:24).

은밀함은 우리가 영으로 기도할 때 방해가 되는 것들을 제하는 일에 도움이 된다. 예를 들면 우리가 문을 닫고 방에 있으면, 다른 사람이 있을 때처럼 과시하는 자세를 취하거나 꾸미지 않는다. 우리는 하나님을 속일 수 없음을 알고 있다. 우리는 혼자 있을 때 더욱더 하나님 앞에서 정직해질 수 있다. 또한 주위 환경, 즉 초인종 소리, 전화벨 소리, 집안 일, 아이들로부터 분리될 필요가 있다. 하나님께서는 우리의 의지와 감정을 성령께서 인도하시도록 허용함은 물론, 집중된 정신으로 하나님을 예배하라고 하셨다. 나누어지고 흐트러진 마음은, 잘 받아들일 수 있는 가장 좋은 상태가 아니다.

또한 우리의 영적인 회계 장부에도 문제가 있다. 훌륭한 행동을 하면 보통 우리는 그것을 광고하고 전시하며 이익을 적는 대변(貸邊) 쪽을 드러내기 쉽다. 즉 드러내는 때에 이미 그것을 이미 사용해 버리고 마는 것이다. 반면 우리는 가치가 없거나 좋지 못한 행동은 숨겨둔다. 부정적인 것의 "차변"(借邊)만이 우리에게 남아 축적된다. 이렇게 해서 우리의 인격은 언제나 차변 쪽에 남아 있는 것이다. 우리는 만성적으로 영적 파산 상태에 있게 된다.

예수께서는 우리가 만약 충만하고 생산적인 사람이 되기를 원한다면 그 과정을 거꾸로 해야 한다고 말씀하셨다. 즉 우리는 우리의 연약함과 잘못들과 죄들은 자백함으로써 벗어버리고, 친절과 선한 행동은 비밀로 지켜야 한다는 것이다. 그 결과 내적 능력이 보존된다. 그 보존한 것이 다 차게 되면 우리는 예수님에 의해 약속된 하나님 아버지의 "보상", 즉 우리의 생활과 일 가운데에서 하나님의 임재하심과 그에 속한 모든 축복들을 경험하게 된다.

그러한 축복으로 나타난 것은 우리의 은밀한 기도가 응답된 후에만 다른 사람들과 나눌 수 있다. 그래서 나는 지금 스토우 씨 가정을 통해서 은밀한 기도에 대해 이야기하려 한다(물론 이 이름은 가명이다).

우리 아이들이 아직 어렸던 어느 가을에 일어난 일이다. 스토우 씨는 아들의 선생님이었기 때문에 우리는 그를 알고 있었다. 그는 자기 직업에 최선을 다하는 사람이었다. 그는 마치 자기를 돌보지 않고 봉사하지만 적은 급료로 인해 인정을 받지 못하는, '모든 착하고 희생적인 사람들의 상징'처럼 보였다. 스토우 씨에게는 다섯 자녀가 있었는데, 그 많은 식구에 비해 매우 좁은 집에서 살고 있었으며 경제적으로 어려운 생활을 하고 있었다. 그렇지만 그들은 언제나 사회 사업에 기여하곤 했다. 그러나 우리는 그들이 스스로의 필요를 채울 수 있는 것이 매우 적었으며 최소한의 취미 생활조차 누리지 못하고 있음을 알고 있었다. 우리는 저녁 식사 시간에 그의 가족에 대해 이야기하곤 했고, 나중에는 가족 예배 시간에 스토우 씨 가족을 위한 기도를 하게 되었다. 그러고 나서 우리는 "주님, 스토우 씨 가족을 위해 우리가 돕기를 원하시는 것이 있습니까?" 하고 물었다.

그 해답이 마침내 왔다. 우리 모두가 읽었지만 잊어 버리고 있었던 옛날 소설, 로이드 더글러스의 책(The Magnificent Obsession)이 생각난 것이다. 우리는 그 줄거리를 회상하면서, 조각가 랜돌프가 예수께서 산상수훈에서 말씀하신 대로 아무에게도 자기의 관용이 알려지지 않게 돈을 거저 주었을 때, 능력이 그의 생활 속에 흘러 들어와 그의 작업에 새로운 힘이 솟아나게 되었고, 확신이 새롭게 되었으며, 사람들과의 관계에서도 평정을 유지했고, 기도 응답을 받았다는 이야기를 기억했다. 그 조각가의 간구는 돈도 명예도 아니고 다만 그의 작업에 관한 것이었다.

"조각가로서 확실하게 작업을 할 수 있는 능력."

랜돌프의 기도는 풍성하게 응답되었다. 그는 널리 인정받는 조각가가 되었다. 결과적으로 명성과 물질적인 특혜도 따랐다.

또한 더글러스의 책에서 이야기하는 것은 "비밀은 비밀로 지키는 것"이었다. 이것이 명석한 한 외과 의사를 포함한 다른 사람들에게 전달되었고, 모두 놀랄 만한 결과를 가져왔다.

이 줄거리에 따라, 우리가 스토우 씨 가족을 위해 크리스마스 선물을 마련하고, 그것을 스토우 씨 가족과 다른 모든 사람들에게 비밀로 하기로 했다. 다른 구체적인 법칙도 세웠다. 그 법칙에 따르면 우리는 될 수 있는 대로 많은 선물을 준비해야 했다. 케이크와 옛날 식으로 만든 쿠키, 금속 조각과 리본으로 장식한 크리스마스 장식품들, 새 모양의 크리스마스 트리, 이와 더불어 우리 아이들은 저금을 하거나 돈을 벌어서 스토우 씨 가족 모두가 적어도 한 가지 이상의 선물을 받도록 준비해야 했다.

크리스마스 전날, 선물로 가득 찬 큰 마분지 상자가 예쁘게 포장되었다. 또한 그 가족들이 자신들을 먼저 돌보지 않고 널리 베품으로써 지역 사회의 많은 사람들에게 큰 의미를 주고 있다는 설명을 적은 쪽지를 붙였다. 이 선물은 아기 예수로부터 온 것이기 때문에 다른 기록은 필요 없었다. 각 선물마다 그들 가족에 대한 하나님의 풍성한 축복을 바라는 기도를 써넣었다. 그러고 나서 그 상자를 스토우 씨 집 앞에 놓아 두었다.

그리고 이 선물과 은밀한 기도는 놀라운 응답을 받았다. 스토우 씨 가족이 그들의 생애에서 가장 성대한 크리스마스를 맞이했다는 말이 우리에게 들렸다. 그리고 얼마 후에 스토우 씨는 많은 봉급을 받는 좀 더 나은 자리로 오라는 요청을 받았다. 갑자기 전 지역 사회에서, 스토우 씨가 자신을 희생하며 봉사한 것에 대해 더욱 많은 감사를 보이기 시작했다. 자녀들은 여러 가지 길을 통해 대학에 갈 수 있게 되었다. 우리 모두를 위한 축복이 이 경험에서 나오게 되었던 것이다.

이 기도의 으뜸 되는 조건은 은밀함이기 때문에, 개인적인 경험 이상의 예화는 쉽게 드러나지 않는다. 자넷 리터 역시 그랬다. 그녀의 가족과 가까운 친구들은, 그녀의 생애에 있어서 은밀한 기도가 얼마나 능력 있는 요소였는가를, 그녀가 세상을 떠나고 나서야 발견할 수 있었다(우리 역시 그녀의 비밀을 침해할 수 없기 때문에 그녀의 이름도 가명이다).

자넷은 뉴욕의 성공한 신문 기자와 결혼했다. 그러나 그녀는 40대에 알콜 중독자가 되었다. 전문적인 치료로도 병을 치유할 수 없었다. 그녀의 실패와 자기 혐오는 이상한 형태로 나타나곤 했다. 그녀의 남편이 파크 애비뉴에 있는 그들의 아파트로 돌아와 보면 자넷은 혼수 상태로 취해 골방 바닥에 쓰러져 있기 일쑤였다. 술을 마시는 동안 죄책감을 느낀 그녀는 골방을 치워야 한다는 생각에 사로잡히곤 했다. 그녀는 축 늘어질 때까지 필사적으로 골방을 치웠다. 그러나 결국은 그 골방이 그녀를 해방시키는 실마리가 되었다. 자넷이 우리에게 해준 이야기 조각들을 연결해 보면 다음과 같다.

어느 날, 그녀는 침대에 누워 있었다. 알콜중독방지협회 덕분에 그녀는 두 달 동안 술을 마시지 않을 수 있었다. 그러나 그녀는 또 술 한모금의 유혹에 시달렸다. 그리고 그녀는 단 한 모금을 마시면 백 잔을 마셔도 결코 충분하지 않을 것을 잘 알고 있었다. 그녀는 울부짖었다.

"하나님, 도와주세요! 남편과 아이들을 다시 실망시킬 수는 없습니다."

그녀의 스탠드 전등 위에는 거의 사용하지 않은 흰 가죽 성경이 놓여 있었다. 그날 그녀는 우연히 그 성경을 펴서 산상수훈을 읽었다. 그녀는 골방이라는 단어에 눈이 갔다. 그것은 즉시 그녀의 주의를 사로잡았다. 골방! 골방은 그녀에게 곧 증오의 상징이었다.

"너는 기도할 때에 네 골방에 들어가 문을 닫고 은밀한 중에 계신 네 아버지께 기도하라 은밀한 중에 보시는 네 아버지께서 갚으시리라"(마 6:6).

골방에서 기도하라고? 왜? 자넷은 그 이유를 알 수 없었다. 그러나 그 골방은 자석처럼 그녀를 끌어당겼다. 다시 한번 그녀는 자기 소유물들 사이에 마구 흐트러진 채 있는 자신을 발견했다. 다만 지금의 그녀는 자신을 가둔 속박에서 벗어나기 위해 기도하고 또 기도하고 있었다. 공개적으로 갚으시겠다는 예수님의 약속이 자넷 리터에게 주어졌다. 그녀는 술을 마시고 싶은 유혹을 극복했다. 게다가 그녀의 성품은 매우 매혹적으로 변하여 그녀가 죽은 지 5년 뒤에도, 친구들이 그녀를 추억하며 그녀의 이야기를 할 때면 그들의 표정이 빛나곤 했다.

그녀에 대한 상세한 이야기는 결코 공개하지 않을 것이다. 그날 아침 이후, 능력에 대한 예수님의 약속은 자넷의 인도자가 되었다. 그녀는 자신이나 혹은 자기 소유의 일부를 은밀히 내어 주는 것이 자기 인생을 젊어지게 한다는 사실을 발견했다. 다음은 우연히 밝혀진 두 사건이다.

빈민촌에 살았지만 영특했던 한 소녀가 뉴욕에 있는 사립학교에 다니게 되었다. 모든 비용은 다 지불될 것이다. 그 소녀는 자기를 돕는 자를 결코 알 필요가 없다. 기관지염으로 고생하는 뉴욕의 한 독신 남자에게 맛있는 수프와 진수성찬이 놓인 쟁반이 매일 문 앞에 배달되었다. 보낸 이의 이름이 없었다. 쟁반에도 이름이 적혀 있지 않았다. 그러나 그 독신자는 그것이 누가 보내온 것인지 쉽게 짐작할 수 있었고 결국 자넷은 그것을 인정했다.

친절한 행위는 오랫동안 연속적으로 일어났고 크거나 작거나 모두 비밀이 지켜졌다. 보상은 공개적으로 이루어졌고 선행을 하는 자넷 리터의 영향력은 계속 퍼져 나갔다. 게다가 그녀의 성품에는 놀라울 정도로, 모든 여성이 바라는 여성다운 매력과 매혹이 넘쳤다.

만약 당신의 기도가 효과가 없다고 느껴진다면, 예수께서 가르쳐 주신 기도 방법을 사용해 볼 것을 제안한다. 이 세상은 은밀한 기도에서 나오는 놀라운 능력을 절대적으로 필요로 하고 있다.

은밀한 기도
우리의 비밀

하나님 아버지, 주님께서는 모든 창조를 통해서 비밀의 법칙을 정해 놓으셨음을 저는 깨닫기 시작했습니다.

따스한 땅 속에 숨겨져 있는 씨앗은, 모든 사람의 눈에는 보이지 않지만 싹이 트는 동안 내내 주의 것입니다. 알 속에 숨겨져 있는 병아리는 참을성 많은 어미 닭 품속에서 부화되는 수주일 동안 삐약거리지도 않고 울지도 않습니다. 우리 피조물들도 역시 어두운 자궁 속에서 몇 달 동안 격리되어 있어야 합니다.

이와 같이 지고한 창조물인 기도도 역시 주의 일이 완성되기까지 주님과 함께 숨겨져 있어야 한다는 것을 저는 압니다.

주님, 여기 제 마음속에는 간절한 간구, ＿＿＿＿＿＿가 있습니다. 주님께서 이 간구를 주님과 저만의 비밀로 해두기를 원하신다는 사실이 제 믿음을 강하게 해줍니다. 저는 제 간구를 주님 안에 숨겨두면서 천지를 창조하신 하나님의 사랑을 느낍니다.

아버지시여, 저는 이 기도를 주님께 의탁합니다. 날이 가고 또 가도록 제게 아무 결과도 보이지 않을 때에도, 주께서는 씨앗이나 알을 돌보시는 것 이상으로 저를 돌보시기에, 주님의 창조의 역사가 확실하게 진행되고 있음을 깨닫는 은사를 제게 주소서.

주님, 정말 감사합니다. 사랑과 능력이 많으신 예수님의 이름으로 기도 드립니다. 아멘.

|제안|

우리 대부분에게는 조금은 극적인 것이 도움이 된다. 당신은 당신의 은밀한 기도를 적고 날짜를 적어서 자주 사용하지 않는 성경에, 마태복음 6장 3-4절과 같이 당신에게 주신 약속이 있는 장 사이에 그것을 끼워 두라. 당신의 기도가 응답될 때까지 그것을 거기에 끼워 두라.

7
즐거운 축복의 기도

"…너희 원수를 사랑하며 너희를 미워하는 자를 선대하며
너희를 저주하는 자를 위하여 축복하며
너희를 모욕하는 자를 위하여 기도하라"

눅 6:27-28

워싱턴에 사는 한 가정의 이야기다. 그 집은 아이들의 잘못을 들추어내는 고모의 잔소리 때문에 집안에 늘 긴장감이 감돌곤 했다. 그 가정의 주부인 엘렌은 하나님께 고모의 지나친 잔소리를 없애 달라고 수없이 기도했다. 그러나 아무 성과도 없었고 엘렌은 자신의 가정에서의 고모의 태도와 존재에 점점 화가 나기 시작했다.

어느 날 오후, 나와 수년 동안 아는 사이였던 엘렌은 빌려갔던 책을 돌려주려 우리집에 들렀다.

"내가 파멸될 것만 같아요."

그녀는 한숨을 쉬며 말을 이었다.

"내가 마치 아이들과 고모 사이를 왔다갔다 하는 공기 빠진 공같이 느껴져요."

그녀의 문제를 의논하던 중에 나는 갑자기 하나의 영감이 떠올랐다.

"당신은 하나님께 고모의 태도를 변화시켜 달라고 간구해 왔는데, 고모는 전보다 더욱 잘못만 들추어내고 있다고 했죠? 이제는 고모의 태도를 변화시키려고 애쓰는 것을 포기하고 하나님께 고모를 – 모든 일에 – 축복해 달라고 간구해 보지 않겠어요?"

엘렌은 깜짝 놀라는 것 같았다.

"아니 제가, 고모가 받을 자격이 있건 없건, 하나님께서 고모를 축복해 달라고 간구해야 한단 말인가요?"

내가 대답하기 전에 엘렌은 다시 생각을 돌렸다.

"알겠어요."

엘렌은 생각에 잠긴 듯 말했다.

"하나님께 무엇을 받을 만한 자격이 있는 사람은 아무도 없지요."

"정말 그래요."

"그렇다면 캐서린, 당신 생각대로 하기로 하지요. 그러나 지금 바로 그 문제를 위해서 나와 함께 기도해 주시지 않겠어요?"

"물론 하고 말고요. 그러나 엘렌, 당신이 하나님께 누구를 축복해 달라고 간구할 때 당신이 정말 해야 하는 말은 '그를 행복하게 해주소서'라는 말이에요. 이것이 성경에 나오는 문자 그대로의 축복이에요."

내가 회상해 볼 때 엘렌의 기도는 다음과 같았다.

"주님, 우리 가정이 지금보다 더 행복하게 사는 것이 주님의 뜻임을 저는 압니다. 그리고 저는 그것이 우리 가정에서 한 사람이라도 불행할 때에는 일어날 수 없음을 알고 있습니다. 지금 고모에게 필요한 대로 고모를 축복해 주소서. 고모에게 행복의 은사를 주소서. 아이들이 고모를 사랑하고 존경할 수 있게 해주소서. 그리고 제가 그녀에게 더 친절하게 대할 수 있는 방법을 보여 주소서. 예수님 이름으로 기도합니다. 아멘."

일주일 후에 엘렌이 전화를 했다. 엘렌은 날이 갈수록 자신의 기도가 풍성하게 응답되고 있다고 말했다.

"이제 집안 분위기도 완전히 달라졌어요. 하나님이 축복해 주시는 분량은 마치 다이너마이트 같아요! 나는 아직도 다른 기도는 응답받지 못하는데 그 기도는 어떻게 응답받는지 모르겠어요. 다른 사람들을 위해 기쁨을 간구한 것이 그렇게 능력이 있는 것인가요?"

하나님께서 우리의 간구에 따라 어떤 사람을 축복하시려고 움직이실 때 우리가 놀라는 이유는 일차적으로, 아마도 예수 그리스도를 "간고를 많이 겪었으며 질고를 아는 자"(사 53:3)라고 생각해 왔기 때문일 것이다. 어두운 마음을 가진 사람은 아무도 어린아이를 예수께로 데려갈 수 없다. 지칠 줄 모르는 열심으로 삶에 도전하는 열정적인 사람만이, 튼튼한 어부를 예수님의 제자로 이끌어 올 수 있다. 자기의 지팡이를 기꺼이 집어던지고 뛰어가는 사람이나, 나병에서 나음을 입어 제사장에게 자기의 깨끗해진 새 살을 보이려고 노래 부르며 가는 나병 환자에게 슬픔은 오래 머물 수 없다. 그리고 복음서 속에서도 예수께서 참석하신 장례식은 모두

해체되고 있음을 잊지 말라.

예수께서는 분명 인생의 문제와 절망을 조금도 빼놓지 않고 알고 계셨다.

"세상에서는 너희가 환난을 당할 것이다."

그러나 예수께서는 제자들에게 약속하셨다.

"……담대하라 내가 세상을 이기었노라"(요 16:33).

즉 "기운을 내라! 세상이 할 수 있는 가장 나쁜 일도 나와 맞설 수는 없다"고 하셨다.

예수님의 기쁨의 진정한 근원은 시편 기자의 잊을 수 없는 말로 표현되었고(시 45:7), 또한 수세기 후에 히브리서 저자가 다시 한 번 기록했다.

"주께서 의를 사랑하시고 불법을 미워하셨으니 그러므로 하나님 곧 주의 하나님이 즐거움의 기름을 주께 부어 주를 동류

들보다 뛰어나게 하셨도다" (히 1:9).

전혀 죄를 모르는 의로우신 분께서는 우리들 중 아무도 따를 수 없을 만큼 즐거움으로 넘치며 빛나는 인격을 가지셨다. 어찌 그렇지 않을 수 있었겠는가!

그렇기 때문에 즐거운 축복의 기도는 우리의 장점이나 부족함에 달려 있지 않은 것이다. 예수님만이 의로우신 분이며 그렇기 때문에 결국 즐거우신 분은 그분뿐이다. 그러나 그분의 그 즐거움은 그것을 받으려는 자 모두에게 나누어 주신다.

이제 엘렌이 고모를 위해서 즐거운 축복의 기도를 할 때 그 고모의 "가치"를 조건으로 하지 않고 왜 다른 굳건한 기반 위에 그 기초를 두었는지 이해될 것이다. 그녀는 예수께서 우리에게 말씀하신 것을 알고 있었다.

"너희 원수를 사랑하며……너희를 저주하는 자를 위하여 축복하며" (눅 6:27-28).

우리가 예수님께 순종하자마자, 우리는 어려움을 당한 사람들에게 줄 축복과 그 어려움에 대한 해답이 나란히 오는 것을 발견하게 된다.

몇 년 전, 한 부인이 자기의 결혼생활을 상담해 달라고 했을 때, 이 즐거운 축복의 기도와 상황을 변화시키는 하나님의 능력과의 관계를 또 한 번 극적으로 깨달을 수 있었다. 차 한 잔을 나누면서 그녀는 내게 자신의 문제를 이야기했다. 그녀는 여자로서 가장 견디기 힘든 충격을 받았다. 그녀의 남편이 이제는 그녀를 사랑하지 않으며 그녀를 떠나겠다고 선언했던 것이다.

그녀는 그들의 결혼 문제는 남편의 잘못이 원인이라고 생각하고 있었고, 그래서 남편에 대한 거친 비판으로 가득 차 있었다. 그는 교회에도 결코 나가지 않았고 아이들과도 별로 시간을 보내지 않았다.

"하나님만이 그를 구원할 수 있어요."

그녀는 슬픈 목소리로 말했다.

"당신 남편을 위해 기도할 수 있는 한 가지 아이디어가 있어요."

내가 제안했다.

"하나님께 하나님의 축복을 영적으로, 육체적으로, 물질적으로 그에게 부어 달라고 간구하세요. 그리고 그 나머지는 하나님께 맡기세요."

그녀는 차를 한 모금 마시고는 입술을 꼭 다물었다.

"남편은 이미 너무나 성공했어요."

그녀가 말했다.

"그것이 문제예요. 그렇게 성공했기 때문에 그가 정신 차리고 하나님께 돌아오지 못하는 거예요."

그녀는 하나님께 자기 남편을 변화시키고 그를 선하게 만들어서 자기와 아이들에게로 돌아오게 해달라고 기도하겠다고 말하면서 돌아갔다. 그러나 그녀의 기도는 허사가 되었다. 남편은 결국 이혼한 후 다른 여자와 재혼했다.

비유를 통해서, 예수께서는 남편을 위한 이 부인의 기도와 같은 기도에 대해 평을 하셨다. 어느 날, 예수께서는 성전에서 두 사람이 기도하는 것을 지켜보셨다. 지위가 높고 교육을 잘 받은 바리새인과 비천한 세리였다.

"저 바리새인과 같이 하지 말라. 그의 기도는 '나는 다른 사람들 곧 토색, 불의, 간음을 하는 자들과 같지 아니하고 이 세리와도 같지 아니함을 감사하나이다'라는 것이었다"고 주님께서는 나중에 제자들에게 말씀하셨다(눅 18:11).

그리고 예수께서는 그 바리새인은 "기도한" 것이 아니라 자기 스스로에게 말한 것이라고 엉뚱하게 말씀하셨다. 물론 그 바리새인은 "의롭다함"(눅 18:14)을 받지 못하고 집으로 돌아갔다. 즉, 그의 기도는 응답을 받지 못했던 것이다.

왜 그랬을까? 왜냐하면 하나님께서는 우리의 입술의 말이 아니라, 그 말 뒤에 우리가 진정으로 의미하는 것을 들으시기 때문이다. 그렇다면 바리새인이 의미하는 것은 무엇이었을까? 다음과 같은 것이었다.

"주님, 나는 _____씨와 같지 않은 것을 주님께 감사드립니다. 나는 선하고 저 사람은 악합니다. 그는 주의 축복을 받을 만한 자격이 없습니다. 저는 주께서 저 죄인에게 많은 어려움을 주시기를 바랍니다. 그것이 그를 정신 차리게 할 것입니다. 주님, 악한 사람들이 잘되게 하지 마소서."

만일 당신과 내가 세상을 운영한다면 아마도 우리는 악한 자가 잘되게 하지는 않을 것이다. 그러나 명백한 진리는 종종 그들이 잘된다는 것이다. 수세기를 통해서 이 사실이 사람들을 괴롭혔다. 성경에서 제일 오래된 책인 듯 싶은 욥기에서도 욥은 이 문제를 가지고 씨름한다. 이것은 시편에도 거듭 언급되어 있다. 그러나 예수께서는 언제나 현실론자이셨다. 하나님은 전적으로 사랑이시기 때문에, 악인이 종종 잘된다는 사실을 예수님은 당연하게 받아들이셨다.

"……이는 하나님이 그 해를 악인과 선인에게 비추시며 비를 의로운 자와 불의한 자에게 내려주심이니라"(마 5:45).

"그러므로 너희가 만약 하나님 아버지의 진실한 아들이 되려거든 너희가 알고 있는 모든 사람들에게 가장 좋은 일이 일어나기를 위해 기도하여라. 너희가 개인적으로 섬기게 되든지 혹은 그들에게 해를 받을지라도 기도하여라"(마 5:44; 눅 6:28 참조)

그렇다면 예수께서는 선함이나 악함이 하나님과는 아무 상관이 없다고 말씀하시는 것인가? 전혀 그렇지 않다. 죄는 그리스도를 십자가에 매달 만큼 심각한 문제이다. 그래서 우리 세계는 바야흐로 멸망에 가까이 다가가고 있다. 그러나 중요한 것은 자기 의를 내세우는 기도나 다른 이를 저주하는 기도는 사람을 악에서 선으로 변화시키지 않는다는 것이다. 오직 즐거운 사랑만이 구속할 수 있다.

네덜란드인인 코리 텐 붐 여사는 어느 날 밤에 방문한 뮌헨의 교회에서, 자기 원수를 사랑하라는 예수님의 말씀에 실제로 순종하는 것이 얼마나 어려운가를 경험했다. 그녀가 막 그와 같은 설교를 마친 후였다. 그리고 그 사람—라벤스부룩 수용소의 죄수들이 특별히 싫어했던 전 독일의 나치 친위대(S. S.)의 간수—을 알아보았다. 그 사람은 코리와 그녀의 언니 벳시가 그 곳에 갇혀 있는 동안, 그들을 "잔인하게 부려먹던" 많은 사람들 중 하나였다. 벳시는 그 수용소에서 죽었다. 그리고 코리는 1945년말 석방된 후, 옛 적국 독일로 가서 하나님께서 타오르는 석탄처럼 그녀의 가슴속에 쌓아주신 메시지인, 용서를 귀를 기울이는 모든 사람들에게 외치는 중이었다.

지금 뮌헨 교회에서 그녀와 마주친 그는 코리가 석방된 이후 최초로 만난 간수였다. 그는 라벤스부룩 목욕실에서 악의에 찬 얼굴과 조롱하는 목소리로 지켜 서 있던 사람이었다. 그 남자가 자기에게 가까이 다가오자 코리의 마음은 내려 앉았다.

"아가씨."

그는 손을 내밀면서 알랑거리는 목소리로 말을 걸었다.

"당신의 메시지에 감사했습니다. 주님께서 우리 죄를 모두 씻어 버리셨음을 생각했지요!"

코리는 오른팔이 뻣뻣해졌고, 옆구리엔 화살이 꽂혀 있는 듯했다. 코리는 그들이 얼마나 잘못했는지를 알고 있었기에 강렬한 분노와 복수심이 내부에서 끓어 올랐다. 그러나 조금 전 원수를 사랑하라는 설교를 마친 그녀는 자기가 한 말을 증명하라는 요청을 받은 것이나 다름 없었다. 그녀는 손을 내밀려고 몸부림을 치고, 미소를 지으려고 애를 썼지만 할 수가 없었다. 그녀의 마음은 손을 내밀고 서 있는 사람에 대해서 아무런 따스함도 느낄 수가 없었다.

"예수님, 저는 그를 용서할 수가 없습니다."

그녀는 재빨리 속으로 기도를 했다.

"주님의 용서하심을 제게 주소서."

그러자 코리의 팔이 들어 올려졌고 손가락이 그 사람에게 닿자, 그녀는 놀랍게도 전기와 같은 그 무엇이 그녀의 어깨에서 팔로 흘러와 그 독일인에게로 전달되는 것을 느꼈다. 동시에 그녀의 마음속에는 그녀가 도저히 믿을 수 없을 정도로 그 옛날 간수에 대한 잔잔한 사랑이 솟아올랐다. 그 이후로 코리는 하나님께 그 간수에게 풍성한 축복을 부어 달라고 기도할 수 있었다.[1]

이렇게 해서 코리 텐 붐은 우리 모두가 조만간 해야 할 일을 발견했다. 기름 부음을 받으신 주님께서 우리를 위해 아주 큰 기쁨으로 그렇게 해주셨다면, 우리도 원수를 위해 기쁨을 간구할 만큼 그를 사랑할 수 있다는 것을 말이다.

예수님이 오시기 오래 전에 이스라엘 민족들은 기쁨이 하나님의 임재하심에 대한 열쇠라는 진리를 알게 되었다.

"여호와로 인하여 기뻐하는 것이 너희의 힘이니라……주의 앞에는 충만한 기쁨이 있어……기쁨으로 여호와를 섬기며 노

---

[1] Corrie ten Boom, The Hiding Place (Washington Depot, Conn. : Chosen Books, 1971, 『주는 나의 피난처』 - 생명의말씀사 역간), p. 215.

래하면서 그 앞에 나아갈지어다" (느 8:10; 시 16:11, 100:2).

다윗이 이 시편을 적을 때, 그는 문자 그대로 노래하고 춤추면서 하나님의 임재하심에 참여했던 날을 기억했는지도 모른다. 이스라엘의 숙적 블레셋 사람들은 결국 패배했다. 이제 법궤는 안전하게 예루살렘으로 돌아올 수 있었다. 그래서 다윗은 그것을 가지고 왔다.

"다윗이 여호와 앞에서 힘을 다하여 춤을 추는데 그 때에……즐거이 환호하며 나팔을 불고……다윗 왕이 여호와 앞에서 뛰놀며 춤추는……" (삼하 6:14-16).

그런데 그의 아내 미갈은 그가 너무나 기뻐하는 것을 보고 당황했다. 남편이 체통없이 행동하고 있다고 생각했기 때문이다. 그래서 그녀는 "심중에 저를 업신여겼다" (삼하 6:16).

이 옛 이야기를 적은 작가는 이 이야기에 재미있는 참고 사항을 덧붙였다. 미갈은 마음 깊이 가장 원하는 바를 받지 못했다. 죽는 날까지 자식이 없었던 것이다 (삼하 6:20-23).

성경 말씀은 이것을 더 이상 설명하지 않는다. 우리는 미갈이 다윗의 즐거움에 들어갈 수 없었음은 더 깊은 문제의 징후임을 짐작할 수 있다. 왕비는 자기 남편을 업신여겼다. 결혼생활을 상담해온 부인처럼, 그녀는 아마도 습관적으로 불평과 원한—응답받는 기도를 막는 가장 큰 방해물—을 지니고 있었던 것 같다.

미갈에게 포용과 용서가 있었다면 기쁨이 사랑과 손을 잡을 수 있었을 것이고, 어쩌면 다른 많은 기도 응답과 함께 어린아이를 갖고 싶던 그녀의 간절한 욕망이 이루어졌을지도 모른다.

성공회 목사의 아내, 애그네스 샌포드 여사는 아이가 귀에 난 종기로 앓고 있던 6주 동안 자기가 어떻게 처음으로 기쁨의 능력을 갖게 되었는지를 이야기했다. 당시에는 마음속에 있던 두려움과 절망으로 그녀는 아이가 낫기를 감히 기도할 수조차 없었다고 했다. 그러던 어느 날, 한 젊은 목사님이 찾아왔다.

"내가 이층에 가서 아기를 데리고 기도하겠습니다."

그가 제안했다.

어머니는 자신의 기도가 이루어지지 않았기에 그의 기도에 대해서도 회의적이었지만, 그에게 아이의 방을 가르쳐 주었다. 그 젊은 목사는 그의 큰 손으로 아이의 머리를 부드럽게 받쳐 들었다. 샌포드 부인은 나중에 그 사건을 기억하면서 이렇게 말했다.

"목사님의 눈은 빛났습니다. 그를 바라보니 그에게는 사랑의 기쁨이 보였습니다. 그리고 나는 믿었습니다. 기쁨은 능력 있는 내적인 삶에 대한 천국의 '오케이' 사인이기에……."[2]

아이는 즉시 잠이 들었다. 그리고 아이가 깨어났을 때는 다 나아 있었다.

엘리자베스 여왕의 깃발이 런던에 있는 버킹엄 궁전 위에 휘날리고 있는 것은 여왕이 궁전 안에 있다는 표시이다. 그리스도인의 눈에 겉으로 드러나는 기쁨은 주께서 그 안에 계시다는 표시이다. 이와 마찬가지로 기도에서의 기쁨은 주께서 승인하셨다는 확실한 표시이다.

---

2) Agnes Sanford, The Healing Light(St. Paul, Minn. : Macalester Park Publishing Company, 1971), pp. 17-18.

아주 심각한, 매우 비극적으로 보이는 상황에서도 기쁨으로 기도하는 길을 발견할 수 있다. 우리의 병이 나아야 하는가? 한 가지 방법은 우리가 건강을 원하는 이유를 스스로 물어 보는 것이다. 그리고 나서 마음속으로 우리가 건강을 사용할 수 있는 창조적인 방법을 즐겁게 그려 본다.

혹은 우리에게 경제적인 도움이 필요한가? 우리의 경제적인 자원을 어떻게 해야 적합하게 사용할 수 있을까? 즐겁게 기도하는 한 가지 방법은 마음속으로 우리 자신만을 위해서 돈을 사용하는 것이 아니라, 하나님의 기쁨을 다른 사람들에게 연장시키기 위해 사용하는 모습을 그려 보는 것이다.

즐거운 축복의 기도가 영광스럽게 응답되는 것을 너무나 자주 보아왔기 때문에, 최근에 나는 "바로 여기에 세계 평화 문제에 대한 열쇠가 있지는 않은가"라고 생각하기 시작했다. 기도를 심각하게 받아들이는 사람도 다른 나라를 위해 기도하는 법을 배우기란 쉽지 않다. 그들의 이상이 우리의 것과 같지 않고 그들이 스스로 우리의 적으로 자처할 때, 그것은 특히 더 어려운 것이다.

어쩌면 그리스도께서는 이렇게 말씀하실지도 모른다.

"모든 나라의 사람들도 역시 나의 자녀들이다. 사람들이 과격하고 욕심이 많으면 많을수록, 그리고 나를 무시하고 나를 희생시키면 시킬수록, 더욱더 모두를 포용하는 나의 사랑으로 그들을 해방시킬 필요가 있다."

분명히 우리는 어떠한 자기 노력으로도 이것을 해낼 수 없다. 우리 안에 계신 그리스도께서 다른 사람들을 사랑하도록 하지 않으셨다면, 남을 무시하면서 이용하는 사람과 우리와 다투는 사람들을 축복하고 그들을 위해 기도할 수는 없는 것이다.

그러나 만약 몇 명의 시민이나마 "적국"의 국민들을 위해, 원수를 사랑하는 기쁨으로 선을 기대하면서 기도할 수 있다면, 또 그들을 위해 모든 면에서 하나님의 풍성하신 축복을 간구한다면, 아마도 어마어마한 결과가 올 것이다.

이 제안에 대한 우리의 첫 번째 반응은 앞에서 결혼생활을 상담해온 부인의 반응과 똑같을 것이다. 매우 위험천만하다! 우리 중에 누가 과학에서, 우주 개발에서, 군사 지식에서, 혹은 경제 분야에서 다른 국가가 우리 나라보다 앞서기를 원하겠는가?

그러나 우리가 "태양을 의로운 자에게나 불의한 자에게나 비추시는" 하나님의 방법과 하나님의 기쁨의 태양만이 인간의 마음을 변화시킬 수 있는 이 우주의 유일한 능력임을 알기만 한다면, 그들의 문제가 무엇이든 그들의 정치 사상이 어떠하든 혹은 그들의 국적이 어디든 상관 없이, 그렇게 기도하는 것은 모험이 아니다.

즐거운 축복의 기도
아버지여, 우리를 축복하소서

하나님 아버지, 저는 성전에서 기도하던 저 바리새인(눅 18:11) 속에서 저 자신을 발견하고 그만 움츠러들고 맙니다. 왜냐하면 저는 거짓말을 믿어 왔기 때문입니다.

저는 주님을 섬기려고 애써 왔으니까 주님의 축복을 간구할 권리가 당연히 있다고 생각했습니다. 그러나 저는 너무나 주님을 믿지 않았고 주님을 상관치 않았으므로 어려움을 겪어 마땅합니다.

아버지시여, 주께서는 사랑이시며 기쁨이시기 때문에 사랑과 기쁨을 주님의 피조물인 우리에게 나타내셔야만 하신다는 사실을 이제 알겠습니다. 주님은, 어두움이 전혀 거할 수 없는 의의 태양으로 우리들을 비춰주십니다(요일 1:5). 우리 중 어느 한 사람도 그것을 받을 자격이 있기 때문이 아니라, 비춰주시는 것이 주님의 성품이시기 때문입니다.

이제 저는 ＿＿＿＿＿＿＿＿＿를 판단하지 않겠사오니, 주께서 좋게 여기시는 모든 방법으로 그를 풍성하게 축복해 주소서.

그리고 주님, 주의 생명이 제 안에 계신 것처럼, 저도 지금부터는 저 자신을 위해 간구한 것만큼 남을 위해서도 좋은 것을 간구하겠습니다. 다시는 지 자신을 위해 큰 것을 간구하지 아니하겠으며, 마음속으로 다른 사람에게 주시는 주님의 축복을 시기하지도 않겠습니다.

저의 모든 이기심과 너그럽지 못함을 깨끗하게 해주소서. 그리고 아버지시여, 우리 모두 위에 넘치는 즐거움으로 기름 부음을 받으신(히 1:9) 예수님의 기쁨으로 저를 채워 주소서.

예수님의 이름으로 기도 드립니다. 아멘.

8
요구하는 기도

"그를 향하여 우리가 가진 바 담대한 것이 이것이니
그의 뜻대로 무엇을 구하면 들으심이라
우리가 무엇이든지 구하는 바를 들으시는 줄을 안즉
우리가 그에게 구한 그것을 얻은 줄을 또한 아느니라"
요일 5:14-15

나는 피터 마셜의 성경 면지 위에 있는 이상한 문장을 발견했을 때, 처음으로 요구하는 기도에 대해 인식하게 되었다.

이것은 가장 신성하고 가장 완전한 영예를 가지신 분께서 하신 말씀이다. 그러므로 거기에는 목적이 있다! _데이비드 리빙스턴

피터는 리빙스턴의 이름 아래에 자기 서명을 했다. 내가 피터에게 그 뜻을 설명해 달라고 하자 그는 성경을 탁 치면

서 말했다.

"이 책 속에는 살아 계신 하나님의 살아 있는 말씀이 들어 있다오. 그 말씀에는 많은 약속이 포함되어 있고 대부분의 약속에는 조건이 있지. 우리가 해야 할 일이란 그 조건에 미치기만 하면 되는 것이고, 그 후에는 한 단계 올라서서 그 약속들을 요구하면 되는 것이오."

그는 잠깐 잠자코 있었다. 그러고 나서 이렇게 덧붙였다.

"내가 피터 존에게 이번 토요일에 철도 차량 기지에 데려가겠다고 약속한 것을 생각해 보구려."

나는 고개를 끄덕였다.

"자, 내가 만일 아들에게 약속을 지키지 못한다면 나는 보잘것없는 아버지가 될 거요. 그리고 내가 그 약속을 지키고 싶어할 만큼 양심적이라면 하나님께서는 얼마나 더 그러시겠소!"

"그렇지만 당신 성경 앞에 인용해 놓은 것 말이에요……."

내가 그에게 다시 물었다.

"그 뒷이야기라도 있어요?"

있었다. 피터는 선교사 일지에 나온 이야기를 내게 해주었다. 1856년의 일이었다. 리빙스턴은 16년간의 아프리카 생활에서 가장 큰 위험 중 하나에 부딪히게 되었다. 그는 부룸마라는 난폭한 원주민 추장의 부락을 지나가고 있었는데, 그 추장은 백인들의 탐험에 적개심을 가지고 그들을 그 지방에서 몰아내려고 찾고 있었다. 그런데 원주민들이 캠프 쪽으로 진격해 오고 있다는 보고가 들어왔다.

리빙스턴은 자기 천막에 혼자 앉아 성경을 폈다. 그리고 그가 자주 자신의 생명을 걸고 서약했던 서약서를 다시 읽었다. 그러고 나서 그는 일기에 다음과 같이 썼다.

1856년 1월 14일 저녁.
이 큰 지방의 복지에 대한 나의 계획과 이 야만인들의 현기증 나는 인구 증가를 살펴볼 때에 마음속에 깊은 슬픔을 느꼈다. 그러나 나는 예수께서 이 땅에 오셨을 때에 말씀하신 것을 읽었다.

"하늘과 땅의 모든 권세를 내게 주셨으니 그러므로 너희는 가서 모든 민족을 제자를 삼아……가르쳐 지키게 하라 볼지어다 내가 세상 끝날까지 너희와 항상 함께 있으리라"(마 28:18-20).

이것은 가장 신성하고 가장 완전한 영예를 가지신 분께서 하신 말씀이다. 그러므로 거기에는 목적이 있다! 나는 계획했던 대로, 밤에 몰래 도망가지는 않을 것이다.[1] 이와 같이 리빙스턴은 예수님께서 임재하시겠다는 약속을 믿었다.

어두운 시간 동안 아무 일도 일어나지 않았다. 여전히 조용한 다음날 아침, 리빙스턴은 114명의 동료와 그들이 타고 다니는 황소가 강을 건너는 것을 지휘했다. 부룸마와 그의 부족민들은 정글 한 구석에서 그들을 지켜보고 있었다. 선교사는 자기가 마지막으로 타려고 카누를 하나 남겨 두었다. 배반을 두려워한 한 원주민 짐꾼이, 추장이 그의 등 뒤에 화살을 쏘는 기회를 주지 말라고 리빙스턴에게 애원했다. 그러자 리빙스턴이 대답했다.

"그에게 말해 주시오. 내가 두려워하지 않음을 지켜보라고 말이오."

그리고는 깜짝 놀라고 있는 원주민들에게 위엄있게 다가가서는 그들에게 감사하고 그들을 위해 하나님의 평강을 빌

---

[1] Isaac Schapera, ed., Livingstone's African Journal 1853-1856, 2 vols. (London : Chatto and Windus Ltd., 1963), Vol. II, p. 374.

고 천천히 카누로 걸어갔다. 그리고 강을 안전하게 건넜다. 이 일이 진행되는 동안, 이 선교 탐험가는 자기와 함께 동행하시는 분을 생생하게 인식하고 있었음에 틀림없었다.

"볼지어다 내가 세상 끝 날까지 너희와 항상 함께 있으리라" (마 28:20).

이것은 그가 그 전날 밤에 적어 두었던 것이다. 그리고 이제 그 믿음은 사실이 되었다. 주님께서는 거기, 그의 곁에 계셨다. 부활하신 분께서 육체로 이 세상에 계시는 동안에도 이러한 사건이 계속되었다.

반역하려고 마음먹은 소란한 군중들이 있었다.

"일어나 동네 밖으로 쫓아내어 그 동네가 건설된 산 낭떠러지까지 끌고 가서 떨어뜨리고자 하되 예수께서 그들 가운데로 지나서 가시니라" (눅 4:29-30).

곁에 계신 주의 임재하심이 리빙스턴 선교사에게 매우 큰 위안이 된 나머지 원주민 용사들까지 그것을 느낄 정도였다. 단 한 사람도 손을 들어 그를 방해하지 못했다.

리빙스턴은 요구하는 기도를 했다. 자신과 동료들을 위해서, "볼지어다 내가 세상 끝날까지 너희와 항상 함께 있으리라" 하신 예수님의 약속을 요구했던 것이다. 데이비드 리빙스턴의 경험이 내게 매우 큰 감동을 주었기 때문에 피터의 성경에 적혀 있던 말들은 그 후로 나의 요구하는 기도에 언제나 동반되었다.

그렇지만 나는 성경에 대한 내 태도가 변할 때까지는 그런 식으로 기도하는 방법을 사용할 만한 근거가 없었다. 나는 성경 읽는 것을 지루한 일이라 생각한 적이 있다. 대학에서 배운, 성경 말씀을 문학이나 혹은 단순히 세상의 많은 종교 가운데 하나로 생각하는 비교 종교학은 내가 느끼는 권태를 전혀 변화시키지 못했다.

이러한 과정은 또한 내가 성경을 어떻게 평가해야 할 것인가에 관해서도 대답해 주지 않았다. 그것은 단지 셰익스피어의 희곡이나 존 키츠의 시가 영감을 받아 쓰여진 것처럼 "영감을 받아 쓰여진" 신화와 설화를 모아 놓은 것일까? 아니면, 어쨌든 성경 말씀은 어떤 선택된 사람들의 마음과 펜을 통로로 하여 쓰여진 하나님의 권위 있는 말씀일까? 나는 알지 못했다.

그러나 내가 하나님께 내 생애를 맡긴 이후, 성경은 점차로 완전히 변화되어 다가왔다. 성경은 내게, 하나님의 속성과 하나님의 길에 대해서 너무나 많은 것을 말해 주었기 때문에 나는 성경을 읽기 원했다. 나는 하나님께서 모든 상상할 수 있는 환경에서 남자와 여자들을 어떻게 다루셨는지를 스스로 깨달았고, 하나님께서 나를 어떻게 다루실지에 대해서도 어느 정도 알 수 있었다. 그리고 내가 이 뛰어난 책을 읽으면 읽을수록 그 페이지 속에서 하나님께서 내게 직접 이야기하고 계시다는 사실을 점점 더 확실히 알게 되었다.

나는 때때로 "당신은 어떻게 그것을 압니까? 당신은 어떻게 확신할 수 있습니까?"라는 질문을 받는다.

이에 대해서는, 인간은 두 과정 중 하나를 통해서 확신에 이르게 된다는 사실을 인식할 때 대답할 수 있다. 즉 우리의 몸이나 물질적인 문제에 관한 질문에 대해서는 지적인, 과학적인 혹은 증명된 증거에 의해서 확신을 가질 수 있다. 그러나 인간의 영혼에 관한 질문에 대해서는 인격적인 관계에 의해서만 확신을 가질 수 있다. 예를 들면, "하나님께서 나를 사랑하심을 어떻게 아는가?"와 같은 질문은 이치를 따지거나 실험실에서 증명될 수는 없다. 왜냐하면 사랑이란, 매번 과학적인 증명이 불가능한 영적인 영역에 속해 있기 때문이다. 그렇지만 "그분은 나를 사랑하신다. 그분은 나를 사랑하신다!"는 넘쳐 흐르는 내적 계시는, 내 생명을 그 사랑에 기꺼이 의탁하게 하는 확실한 효력이 있는 것이다.

우리기 결정적으로 지적인 혹은 과학적인 증명의 범주를 벗어나는 중요한 문제에 부딪힐 때, 우리는 언제나 계시의 의미를 고맙게 여기게 된다. 분명히, 여기에 우리가 좀 더 자주 요청해야 할 가장 중요한 하나의 은사가 있는 것이다.

나처럼 개인적인 계시를 통해서 이러한 확실한 위치에 이르렀던 내 친구 콜린 타운센드 에반스는 성경을 이런 식으로 생각하기를 좋아했다. 성경 말씀은 편지이다. 하나님이 우리 각자에게 보내시는 편지이다. 만일 당신이 편지함을 열기 원한다면, "누구든지"라는 말로 시작되는 문구를 죽 읽어 보라. 그리고 누구든지라는 말을 "나"를 의미하는 말로 대치해

보라. 그 말은 하나님께서 우리 각자에게 주신 약속들이다. 그리고 우리는 그 말씀에서 하나님을 만날 수 있다![2]

또한 데이비드 리빙스턴은 "가장 신성하고 가장 완전한 영예를 가진 분께서 하신 말씀"이라고 말한 바 있다. 우리도 이러한 사실을 알 때, 하나님은 살아 있는 모든 사람이 하나님과 연합하여 살아갈 것을 작정하셨다는 사실을 이해하게 된다. 하나님의 우정, 우리를 위한 그분의 계획, 그분의 풍성하심이 우리 개개인을 기다리고 있는 것이다. 우리가 우리 생활 가운데 하나님이 계시기를 원한다면 그렇다고 말하기만 하면 되는 것이다. 그렇게 되면 요구하는 기도의 요점이 분명해진다. 풍성한 은혜를 요구해야 하는 것이다. "……너희가 얻지 못함은 구하지 아니하기 때문이요"(약 4:2)라고 야고보 사도는 외친다. 그 과정은 다음과 같다.

- 하나님께서 약속하셨다.

- 만약 거기에 조건이 붙어 있다면, 우리는 최선을 다해서 그 조건을 이행한다.

---

[2] Colleen Townsend Evans, *Love Is an Everyday Thing* (Old Tappan, N, J: Fleming H. Revell Co.,1974) p. 120.

- 우리는 특정한 때와 장소에서 그 약속을 요구한다.

- 하나님께서는 그분의 때와 방법으로 그 약속을 이루신다.

요구하는 기도가 얼마나 실제적인가 하는 것은, 몇 년 전 워싱턴에 있는 목사 루이스 에반스의 부인인 나의 오랜 친구 콜린이 이야기해 준 일련의 사건에 잘 나타나 있다.

콜린은 인기 좋은 영화 배우였다. 수년 동안 지도 교사, 스튜디오 자동차, 화장해 주는 사람, 매력적인 의상들을 그녀 마음대로 쓸 수 있었다.

루이스와 결혼하기 전에 콜린은 자기 직업인 영화 배우를 포기하기로 결정했다. 그 후 수년 동안, 그녀는 때때로 유혹적인 제안이 있었음에도 불구하고, 그 결정을 결코 수정하지 않았다. 그러나 콜린은 그 전환이 얼마나 어려운가를 아주 조금밖에 알지 못했다.

그들이 결혼한 지 4년 후에, 루이스 목사는 로스앤젤레스의 교외인 벨 에어에서 개척 교회를 시작해 달라는 요청을 받았다. 그는 그 도전을 받아들였다. 그의 봉급으로는 부인과 세 자녀에게 드는 비용과 막대한 생활비, 끊임없이 필요한 접대비, 그리고 목회용 책들을 사는 데 드는 돈을 충당하기에는 너무도 부족했다. 물론 가정부를 두는 것은 불가능한 일이었다.

새 교회에서의 그 첫해가 다 갈 무렵 콜린은 육체적으로, 영적으로 모든 능력이 마지막에 이른 것처럼 느꼈다. 그녀는 언제나 지쳐 있었고, 집안 일(아무런 건물도 없었으므로 교회가 바로 그들의 집이었다)과 교회 일은 아무리 해도 끝이 없었다. 그녀는 몇 분 정도의 조용한 시간이나 기도 시간도 찾을 수 없었다. 그녀는 완전히 탈진해 있었으며 도움이 필요함을 절실히 느끼고 있었다.

가족들의 여름 휴가 동안 콜린은 처음으로 상황을 차분히 생각할 기회를 가지게 되었다. 교구와 폭군 같던 전화들로부터 해방되고 아이들이 밖에서 놀고 있을 때, 그녀는 응답을 찾아 기도하기로 결심했다. 그녀는 하나님께 3가지 급한 문제를 내놓았다.

- 너무 일이 많다 : 그녀는 자신의 존재가 가정의 종처럼 느꼈다. 한 여자가 어떻게 교회 사찰은 물론 하녀, 요리사, 세탁부, 어머니, 부인이 될 수 있겠는가?

- 교구민들과 친구들의 방문이나 전화가 끊임없이 방해한다.

- 매일 경건의 시간이 필요하다. 어떻게 하면 그 시간을 가질 수 있을까?

"그해 여름 하나님께서는 모든 문제에 대해 통찰력을 주셨다"고 콜린은 내게 말했다.

"하나님께서는 내 영혼에 만나가 되는 성경 말씀으로 내게 응답하셨어. 그분은 나를 내 마음대로 하게 내버려 두시거나 내 어려움을 없애 주시지는 않았지만, 내가 하나님의 능력을 요구함으로 인해 모든 상황을 지혜롭게 다루는 법을 보여 주셨던 거야."

다음은 그녀가 받은 응답이다.

- **가정 내에서 자신이 종과 같다고 느끼는 것에 대해서 :**
  나는 자녀들이 모든 면에서 종이 되어 섬기게 할 생각이다(막 10:44). 네 역할을 받아들여라. 그것을 기꺼이 수행하려는 네 마음이 중요한 것이다. 그러면 그 나머지는 내가 할 것이다. 무엇보다 너 자신을 측은하게 생각지 말아라. 예수님도 자신을 종으로 여기셨다(막 10:45).

- **일이 너무 많은 것에 대해서 :**
  누구도 일이 너무 많아 신경 쇠약에 걸린 일은 없다. 네 짐을 견딜 수 없게 만드는 것은 내일과 다음주에 대한 너의 염려이다. 약속된 말씀으로 매순간 내 능력을 요구하라.

"네 사는 날을 따라서 능력이 있으리로다"(신 33:25).

그리고 때로는 "No"라고 말하는 법을 배워라.

네 자신에게 물어라. 이것이 사람들이 원하는 것인지 혹은 아버지께서 원하시는 것인지.

● **방해가 올 때 :**

그들을 예수께서 대하셨던 대로 대하라. 예수께서도 여러 번 혼자 있기를 갈망하셨다. 그렇지만 그분은 그들을 거절하거나 원망하지 않고 사람들을 가르치며 도와주는 기회로 그들을 받아들이고 사용하셨다(막 6:31-46). 예수께서는 너보다 더 좋지 않은 상황에 계셨기 때문에 네 상황을 이해하신다. 너를 방해하는 자들을 주님의 방법으로 다루도록 그분의 도우심을 요구하라.

● **경건의 시간 발견하기 :**

어린아이들이 있는 가정에서, 방해받지 않는 조용하고 긴 시간은 별로 없다. 그러므로 자유로운 몇 분간을 잘 지키고 하루의 시간을 쪼개어 기도할 시간을 마련하라. 진정한 문제는 네가 얼마나 기도하기를 원하느냐는 것이다! 조용한 마음을 가지고 다음 약속을 요구하라.

"하나님은 무질서의 하나님이 아니시요 오직 화평의 하나님이시니라"(고전 14:33).

몇 년이 지난 지금 콜린 에반스의 요구하는 기도가 얼마나 풍성하게 응답되었는지에 대한 증거는 많다.

아이들은 자랐지만 여전히 방해를 받는다. 그렇지만 이전에 느꼈던 그녀의 절망과 기진맥진하게 될 위협은 오래 전에 조용한 자극으로 바뀌어졌다. 그녀보다 더 성공적인 아내, 어머니, 목회자의 동반자는 거의 보기 드물다. 그 모든 것에 대한 보답으로 그녀는 아직도 매력적이고 아름다운 여인이다. 지금까지 두 권의 책을 쓴 그녀는, 두 군데의 저명한 교육 기관의 이사회에서 봉사할 시간적 여유까지 있다.

나는 요구하는 기도가 모든 기도의 방법에서 최우선이라고 믿는다. 왜냐하면 그것은 지구와 천국 사이에 완전한 원을 그려서 기도의 능력의 조건을 완수하기 때문이다. 모든 기도의 목적은 하나님의 뜻을 발견하고 그 뜻을 우리 기도로 만들어, 예수께서 주기도문에서 우리에게 가르쳐 주신 대로, 하나님의 뜻이 하늘에서 이룬 것처럼 땅에서도 이루어지기를 비는 것이기 때문이다.

이와 같이 우리는 문제를 가지고 그 문제 위에 빛이 비치도록 하기 위해 하나님께로 가는 것이다. 우리는 하나님께서 성경 말씀을 통해서 혹은 우리 마음속의 조용한 음성을 통해서 우리에게 말씀하실 기회를 드려야 한다. 우리의 필요들이 하나님께로 향할 때 바로 이 부분이 원의 반을 그리게 된다.

그러고 나면 하나님께서는 우리 상황에 적용되는 하나님의 약속 가운데 하나를 우리에게 지적해 주신다. 그렇게 되면 약속에 대한 우리의 요구는 천국에서 지상으로의 원을 완성시킬 것이다. 또한 그 약속은 우리가 기도 중에 붙잡을 수 있는 믿음의 손잡이이다. 사도 요한은 이것을 순금 같은 말로 표현했다.

"그를 향하여 우리가 가진 바 담대한 것이 이것이니 그의 뜻대로 무엇을 구하면 들으심이라 우리가 무엇이든지 구하는 바를 들으시는 줄을 안즉 우리가 그에게 구한 그것을 얻을 줄을 또한 아느니라"(요일 5:14-15).

이상하게도 우리의 마음과 영은, 요한의 말에 기쁘게 대답하며 뛴다.

"그렇습니다, 요한. 당신 말이 옳습니다. 나도 그것을 압니다! 물론 하나님께서는 나를 위해 하나님의 뜻이 되는 것을 나에게 허락해 주시려고 하지요."

우리는 이 믿음 안에서, 하나님께서 친히 우리에게 주신 약속을 요구하는 구체적인 행동을 한다.

만약 이 약속에 조건이 있다면, 우리는 그 조건에 맞추기 위해 최선을 다해야 한다. 왜냐하면 우리를 실망시키지 않으실 분은 우리를 떠나지도 않으실 것이기 때문이다.

그 예를 살펴보자. 우리 죄를 깨끗하게 하기 위한 조건은 우리가 남을 용서해 주는 것이다(마 6:14-15). 물질적인 축복의 조건은 우리가 하나님 나라에 우선권을 두는 것이다(마 6:33). 인도함을 받는 한 가지 조건은 우리 생활의 모든 영역에서 하나님을 인정하는 것이다(잠 3:6). 그리고 세계 평화에 대한 조건은 우리 자신이 겸비하고 기도하며 악에서 돌이키는 것이다(대하 7:14).

그러고 나서 우리는 거짓말하실 수 없는 하나님을 인정하는 가운데 안정감을 얻고 그 약속이 이루어질 것을 기다리게 된다(딛 1:2). 하나님을 믿는 자는 결코 실망하지 않을 것이다(벧전 2:6).

"가장 신성하고 가장 완전한 영예를 지니신 분께서 하신 말씀"에 의지할 경우, 요구하는 기도야말로 내가 아는 기도 방법 중에서 가장 예리한 방법이다.

시도해 보라. 주님께서는 결코 당신을 실망시키지 않으실 것이다.

요구하는 기도
주님의 약속을 요구합니다

하나님 아버지, 저는 주님과 주님의 길을 제 생각으로 이해하려고 했습니다. 그러나 제 생활 속의 혼란과 불확신은, 저의 이해력이 얼마나 제한되어 있었는지를 극적으로 나타내 줍니다. 저는 이제야 주님께서 왜 주의 피조물인 우리에게 이해력을 초월하는 차원 — 성령을 받아들일 수 있는 부분이 될 내부의 영 — 을 부여해 주셨는지 알겠습니다. 아버지시여, 만약 누군가 성령의 계시를 필요로 하는 사람이 있다면, 제가 바로 그 사람입니다. 저는 지금 다음 사항을 깨닫기 위해 성령의 은사인 계시가 필요합니다.

성경에 대해서, 그리고 제가 그것을 어떻게 읽어야 하는지(그것은 정말 특별한 의미에서 주님의 말씀입니까?)에 대해서, 성경 말씀 가운데 주께서 오늘 제게 주시기를 원하는 특별한 약속에 대해서……

 아버지여, 저는 그 약속이 이러한 저의 상황_____과 어떻게 관련되어 있는지를 압니다. 믿음으로 저는 종이 위에 "주님께서 하신 말씀"들을 적어 놓습니다[3)]

 그리고 지금, 아버지여, 저는 그 뒤에 적어 놓음으로써 저 자신과 저의 상황을 위해 그것을 요구합니다. 이 수표에 절대적으로 빈틈없이 보존해 주실 분께서 서명하실 것을 생각하니 얼마나 감사한지요. 이 수표를 초월한 최종적인 안정, 즉 천국의 모든 자원과 비축된 것들이 있다는 확실한 인식 위에서 저는 쉽니다. 하나님 아버지 감사합니다.

 예수님의 이름으로 기도 드립니다. 아멘.

---

3) 종이 위에 당신에게 주신 약속을 적어 두면 도움이 될 것이다.

사명선언문

너희가 흠이 없고 순전하여……세상에서 그들 가운데 빛들로
나타내며 생명의 말씀을 밝혀 _ 빌 2:15-16

1. 생명을 담겠습니다
만드는 책에 주님 주신 생명을 담겠습니다.
그 책으로 복음을 선포하겠습니다.

2. 말씀을 밝히겠습니다
생명의 근본은 말씀입니다.
말씀을 밝혀 성도와 교회의 성장을 돕겠습니다.

3. 빛이 되겠습니다
시대와 영혼의 어두움을 밝혀 주님 앞으로 이끄는
빛이 되는 책을 만들겠습니다.

4. 순전히 행하겠습니다
책을 만들고 전하는 일과 경영하는 일에 부끄러움이 없는
정직함으로 행하겠습니다.

5. 끝까지 전파하겠습니다
모든 사람에게, 땅 끝까지, 주님 오시는 그날까지
복음을 전하는 사명을 다하겠습니다.

서점 안내

광화문점 서울시 종로구 새문안로 69 구세군회관 1층
02)737-2288 / 02)737-4623(F)

강남점 서울시 서초구 신반포로 177 반포쇼핑타운 3동 2층
02)595-1211 / 02)595-3549(F)

구로점 서울시 동작구 시흥대로 602, 3층 302호
02)858-8744 / 02)838-0653(F)

노원점 서울시 노원구 동일로 1366 삼봉빌딩 지하 1층
02)938-7979 / 02)3391-6169(F)

일산점 경기도 고양시 일산서구 중앙로 1391 레이크타운 지하 1층
031)916-8787 / 031)916-8788(F)

의정부점 경기도 의정부시 청사로47번길 12 성산타워 3층
031)845-0600 / 031)852-6930(F)

인터넷서점 www.lifebook.co.kr

만약 당신의 모든 계획과 계산이 빗나갔으며,
버팀목이 하나하나 쓰러져 버렸고,
당신의 눈앞에서 모든 문들이 닫혀져 버렸다면
마음을 놓아도 좋다.
이는 하나님께서 당신에게 이 메시지를 전하시려는 것이다.

"인간적인 능력을 의뢰하는 것을 그만 두어라.
그 문제를 내가 주관하도록 하라."

- 본문 중에서